JN025565

こんなときどうする

刑事弁護の
知恵袋

瀬野泰崇・伊藤寛泰 編著

現代人文社

まえがき

1　本書は、刑事弁護を行う上で役立つ知識や情報を、基礎的なものから実践的なものまで、幅広くアドバイスする書籍です。刑事弁護技術の向上のための指南書ではありませんが、他方で、安易なハウツーを説くマニュアル本でもありません。

　本書のねらいは、刑事事件を初めて取扱う方や取扱いの少ない方が久しぶりに刑事事件を担当したときに、「あれ、この手続って何をやるんだっけ？」「何を用意するんだっけ？」という疑問に時間を割かなくて済むようになることです。

　その意味で、本書は、刑事弁護を行う上で時間をとられがちな疑問や事務負担といった「かゆいところ」に手が届く、文字どおりの「知恵袋」になることを目指しています。

　本書は、刑事事件の取扱いの多くない弁護士を主な対象にしていますが、ベテランの弁護士にあっても、刑事手続に数多くある煩雑な事務手続などについて素早く知りたいなどの要望にも応えられる内容になっています。

2　世の中には、刑事弁護技術の向上のための方法を指南する良書が増えてきていますが、本書のような本はこれまでありませんでした。

　他方で、近時、弁護士会や法テラス、または研修などで、弁護活動それ自体というよりも、それに付随する事柄に関する質問が寄せられることが多くなっています。その質問は、たとえば、勾留前援助や国選の事務に関する手続的なことであったり、拘置所での接見や差入れに関することであったり、場合によっては漠然とした事件に対する不安感が表れたような悩みであったりと多種多様です。

　このような問合せの多くは、筆者らも刑事事件の取扱いが多くなる前の時期に感じていたものでした。これらの疑問は、これまでであれば、弁護士会や事務所の先輩弁護士から経験談や知恵を聴いて解決できたのでしょうが、昨今は

そのような機会が比較的縁遠いものになっているのではないかと思われます。

　そこで、そのような疑問や刑事弁護に伴う煩雑な事務手続に関する知識・情報を、できる限り網羅的に整理して、これらを調べることに時間をとられなくて済むようにしたい。そうすることで、弁護活動それ自体にもっと時間を割いてもらえるようにしたい。このような思いから、本書は生まれました。

　また、事務手続は検察庁や裁判所によって違いがあります。本書は、大阪を中心とする関西圏について若干情報を入れていますが、主として東京を中心とした首都圏の運用を踏まえています。

　3　本書をお読みになる方に、是非ともご理解いただきたいことがあります。それは、前述したように本書は、刑事弁護技術を向上させるための提言やアドバイスをする本ではないということです。

　刑事弁護技術の向上に関しては、既に『季刊刑事弁護』や『刑事弁護ビギナーズ』などの優れた雑誌と書籍があり、本書がさらに付け加えることはありません。本書はあくまで、弁護士の貴重な時間を弁護活動それ自体の方に費やしてもらうため、主に刑事弁護の些細な疑問や刑事弁護に伴う煩雑な事務手続に関する知識・情報を整理するという目的に立つものであり、刑事弁護の中身に関わる問題（多くは議論を伴います）には言及ないし深入りしないように心がけています。

　そのため、刑事弁護に志を立てて本書を手にとられる読者の皆様の中には、本書の論述に踏込みの不十分さを感じることがあるかもしれません。もっともそれは、上記のような本書のスタンスに由来するものであり、あえて論述をその深度に抑えているものとご理解いただけますと幸いです。

　4　本書は、筆者らの力だけで成ったものではありません。個々の質問

（Q）の多くは、新人の方々から寄せられた質問や悩みに着想を得ています。それに対する回答（A）は、筆者らの経験に基づく合議に加え、弁護士会の諸先輩方のご経験やお知恵もお借りしています。本書の完成にご協力いただいた全ての先生方に感謝申し上げます。

　最後になりましたが、本書が完成するに当たっては、現代人文社の成澤壽信社長に大変お骨折りいただきました。諸事情により企画が頓挫しかけたり執筆が遅れたりしたときでも、筆者らを優しく見つめ、温かい励ましの言葉をかけ続けてくださった成澤社長には、感謝の気持ちしかありません。成澤社長が優しい眼差しとともに最後まで伴走してくださったことに、深く御礼申し上げます。

2021年1月31日
接見渋滞中の渋谷警察署にて

執筆者を代表して　　瀬野 泰崇

本書の使い方・調べ方

　本書は、主に刑事弁護に関する些細な疑問や煩雑な事務手続に関する知識・情報を整理して、これらを調べることに時間をとられなくて済むようにすることを目的としています。

　その目的から、本書で扱う知識・情報も、刑事弁護を行う上で時間をとられがちな疑問や事務手続に関係するテーマに絞った上で、関係する知識・情報を広く網羅することとしています。

　本書は、はじめから終わりまで通読する必要はありません。筆者らとしては、本書を次のようにお使いになることをお勧めいたします。

- 目次から悩み事に直接たどり着けるとき

  ➡そのQへ飛んでください。各項末尾の「もっと知りたい」で
  　言及しているQも、必要に応じて参照すると便利です。

- 直接の悩み事に加えて関連する悩み事も網羅的に把握したいときや、
  困っていることを自分でも分析しきれていないとき

  ➡「目次」の後にある「刑事弁護こんなとき索引」を
  　参照してください。
  　そのテーマに関連するQを網羅的に把握することができます。

- 悩み事からではなく、単語から関連するQを探したいとき

  ➡巻末の「事項索引」を参照してください。
  　刑事弁護を行う上で接する主要な単語から、
  　関連するQを探すことができます。

こんなときどうする 刑事弁護の知恵袋
目次

1　受任

初回接見時に持参するもの

Q1 ▶ 初回接見には、何を持って行けばよいのでしょうか。

国選弁護人として活動できるのはいつからか

Q2 ▶ 被疑者国選の場合、
いつから弁護人として接見に行ってもよいのでしょうか。

接見の事前予約の要否

Q3 ▶ 警察署に接見に行く前に、事前の予約は必要でしょうか。

弁護人選任届の提出

Q4 ▶ 弁護人選任届を提出する際の留意点はありますか。

勾留前援助の受任

Q5 ▶ 勾留前援助で受任する場合、
どのような点に留意する必要がありますか。

被疑者釈放と弁護人の地位

Q6 ▶ 被疑者が釈放されたら、弁護人の地位はどうなりますか。

2　接見・取調べ

7　判決その後

8　上訴審

9　外国人事件

10　その他全般

コラム／刑事弁護のプチ袋

刑事弁護こんなとき索引

*主要な場面の索引であり、すべてのQを網羅しているわけではありません。
　頁数は本書の掲載頁を示します。

こんなときどうする

刑事弁護の
知恵袋

瀬野泰崇・伊藤寛泰 編著

Q1 初回接見には、何を持って行けばよいのでしょうか。

A1 必要最小限のものは、弁護士の身分を証する物と、弁護人選任届(ただし国選の場合は不要)、そして配点時に送られてくる書類一式です(→**解説1**)。当番弁護の場合に特に注意すべき点があります(→**解説2**)。また、持参するとよいものがいくつかあります(→**解説3**)。

解説1 初回接見も含め、接見の際には、弁護士の身分を証するもの(記章〔弁護士バッジ〕または身分証)は必須です。忘れないようにしましょう。

記章や身分証明書を忘れた場合は、運転免許証や弁護士国保の保険証、名刺(複数枚だとなおよい)等を、複数点用いて弁護士の資格を証明することがありますが、あくまで例外的な方法です。認めてもらえるかは警察の現場対応によります。いずれにしても確実であるとはいえないので注意しましょう。

また、国選の場合を除き、弁護人選任届も、初回接見の時に持参しましょう。

当番や国選の場合は、法テラスや弁護士会からの配点時に交付された書類一式も必ず持参すべき書類です。

解説2 当番弁護の場合には、特に次の点に注意しましょう。

当番弁護の場合、私選で依頼される可能性がありますので、弁護人選任届と委任契約書を持参する必要があります。被疑者に資力がない場合もありますので、逮捕段階では刑事被疑者勾留前援助利用申込書も持参してください(配点時の書類一式に含まれることもあります)。

解説3 次のものは持参していくと、受任や差入れの手続がスムーズにできます。
● 職印⇒差入れや宅下げに必要になります。なお、経験上、職印ではなく認印

	当番	国選	私選の依頼
弁護士バッジ・身分証	○	○	○
弁護人選任届	○	—	○
配点時書類一式	○	○	—
勾留前援助利用申込書	○	—	○
委任契約書	○	—	○

でも足ります(ただし、新型コロナウイルスの影響により、東京の警察の留置施設では、差入れの際に押印を求めない運用も見られるようです。とはいえ、刑事事件に携わる上では、職印と弁護士バッジは常に持ち歩くとよいでしょう)。

● **名刺**

● **便箋・封筒・切手**⇒便箋は被疑者が手紙や反省文などを書いたりするのに便利です。被疑者ノートの代わりにも使用できます。警察の留置施設(留置場)で本人が購入できますが、被疑者に所持金がないことも多く、購入できても手元に届くまで時間がかかりますので、念のため持参すると何かと便利です。便箋でなくても、事務所のコピー用紙を数枚持って行って差し入れてもよいでしょう。なお、二重封筒は差入れできないので注意してください。

● **筆記具(自分用)**⇒警察留置場では筆記具は基本的に差入れができないという運用がされています。筆記具については被疑者が警察から借り受けることができますので、知らない被疑者には教えてあげましょう。もっとも、筆記具の使用に一定程度の制約はあるようです。

● **逃亡または罪証隠滅しない旨の誓約書など**⇒持参するとその日のうちに記載して取得できるので便利です。

● **被疑者ノートや権利告知書**(被疑者ノートは持参して差し入れるのを欠かさないようにしましょう。外国語版もあります〔→Q47を参照〕)

● **録音・録画機器**

● **地図**(現場やその周辺を確認するため)

● **『刑事弁護ビギナーズver2.1』**(現代人文社、2019年)と本書

> **もっと知りたい**

● 国選弁護人選任決定書を接見時に持参する必要はあるか⇒Q2参照。
● 接見に行く前に事前の予約は必要か⇒Q3参照。

国選弁護人として活動できるのはいつからか

Q2 被疑者国選の場合、いつから弁護人として接見に行ってもよいのでしょうか。

A2 法テラスから指名の連絡を受けたら、それ以降は「弁護人」として接見に行ってもよいです（→**解説1**）。

解説1 正式に被疑者国選弁護人となるのは、裁判所に選任された時からです。ただ、実際には、法テラスから、「先生をこの事件の国選弁護人として指名したいと考えているがよいか」という連絡、すなわち指名打診の時から、被疑者国選弁護人として行動ができるようになります（法テラスから指名打診がなされた以降の接見については、接見報酬の対象となります）。

稀に、国選弁護人選任決定書を受け取ってからでないと接見などの弁護活動を開始できないと考えている人がいますが、それは間違いです。

解説2 では、具体的には、何をどうしたらいいのか。法テラスから上記のような電話連絡を受けて受任を承諾すると、法テラスから間もなく**FAX**で、① **指名通知書**、② **勾留状**、③ **国選弁護報告書一式**が送られてきますので、それを確認してから、初回の接見に向かって下さい。

もっと知りたい

● 警察署で国選弁護人選任決定書を見せる必要はないのでしょうか

⇒ありません。

もっとも、弁護士であることを証明する必要はありますので、記章か日弁連発行の身分証明書を忘れないようにしてください（大阪では、大阪弁護士会

が独自に発行している身分証があるようです)。

● 「国選弁護人選任決定書」は、どこで、どう入手するのでしょうか

⇒**東京地裁本庁では、被疑者国選は刑事14部(東京地裁1階)**で入手することになります。

被告人国選の場合は、係属部で入手します(被疑者国選から同一事実、罪名での起訴により被告人国選に移行した場合、改めて選任決定書が作成されることはありません)。いずれも、**職印**等の印鑑が必要なので、持参しましょう。

東京以外の地域では、被疑者国選は、刑事訟廷部(地方によって呼び方は異なります)で入手できます。被告人国選の場合は、係属部で入手します(被疑者国選から同一事実・罪名での起訴により被告人国選に移行した場合、改めて選任決定書が作成されることはありません)。いずれも**職印**等の印鑑が必要なので、持参しましょう。

● では、国選弁護人選任決定書は、いつ、どこで使うのでしょうか。

⇒捜査段階は、ほとんど使う機会がありません。

先に述べたように、接見の際にも、選任決定書を見せる必要はありません。選任決定書を使用する機会としては、起訴された後、検察官請求証拠の閲覧・謄写の際に、選任決定書(写しでも可)を示すと、受任関係の確認がとりやすくなります。他には、交通事故事案の場合の保険会社対応など、事件関係先との交渉等において、弁護人であることの証明を求められることがあります。選任後、早めに取得するようにしてください。

Q3 警察署に接見に行く前に、事前の予約は必要でしょうか。

A3 法律上、接見に事前の予約は必要ありません（→**解説1**）。もっとも、警察署によっては、事前の連絡（予約）を求められることもあるので注意してください（→**解説2**）。いずれにせよ、接見に行く前に、被疑者の在所を確認する電話を警察署に入れた方が無難です（→**解説3**）。

解説1 基本的に、警察署の接見に事前の予約は必要ありません。ただし、被疑者がいつでも警察署にいるわけではありません。検察庁での取調べや実況見分への立会い等のために被疑者が警察署にいない場合があります。

そこで予約が必要ないとしても、被疑者の**在所確認**の電話を入れてから行ったほうがスムーズに接見ができます（**解説3**参照。なお、従前は「監獄」という名称が使用されていた関係で、現在でも「在監確認」という言い方をされることが多いようです。現行法の刑事収容施設法の下では監獄という言葉は使われていませんので、本書では「在所確認」という表現を使用しています）。

ただし、重大事件や否認事件の場合、警察官によっては、弁護人の接見が近いとわかった時点で急いで供述調書を作成してしまう例も報告されています。このような対応が想定される事案では、在所確認の電話は接見の直前にした方がよい場合もあります。

解説2 接見をするのに、事前に連絡（予約）を求められる警察署があるようです（神奈川、千葉、愛知、静岡、鳥取などではそのような運用が確認されています）。

一例ですが、外国人の通訳事件が多く、接見が長時間になるような事件が多い警察署では、留置係の警察官が、事前に接見の開始時間と終了見込時間を弁護人から聞いておき、その時間に接見が予定されていることを、在所確認等の

電話してきた他の弁護士に伝えるといった運用をしているようです(予定している接見の時間帯が重なると、事前連絡の段階で留置係の警察官が教えてくれます)。このような緩やかな「予約制」的運用は、待ち時間が解消されていわゆる接見渋滞を回避でき、弁護人にも一定のメリットはあるといえます(運用次第ではこれが接見交通権の侵害にならないのかというような議論に立ち入ることは、本書のスタンスでありませんので踏み込みません)。

　この運用を知らないで事前連絡なく警察署に行くと、既に事前連絡してある弁護人の接見に割り込むことになり、その弁護人に不満を持たれる可能性がありますので注意してください(もっとも、多くの場合は、即時に接見をする必要性を説明できれば、事前連絡していた弁護人の理解を得られるでしょう)。

解説3 在所確認は具体的にどうすればよいのか。

　① まずは、警察署に電話して被疑者の在所確認をしましょう。

　必ずしも被疑者が警察署にいるとは限りませんし、夜間接見の場合は就寝してしまうこともありますので、在所確認はしておいた方が無難です。警察署の代表番号に架電し、留置管理の部署につなぐようにお願いし、留置の警察官に被疑者の在所を聞いてください。緩やかな「予約制」のような運用をしている警察署である場合、その運用を知らなくてもこの段階でわかります。

　② 在所確認の電話の際、警察官に質問すれば現在の接見待ちの状況や今後の接見の予定などを教えてくれることがあります。

　なお、警察署によっては、在所者の就寝準備が行われる午後8時30分ころからは、就寝準備が終了するまで30分以上待たされることがあります。また、大阪では、一般的には午後7時から「検室」が行われるので、午後7時から30分間程度は接見を避けた方がよいでしょう(ただし、女性の場合は「検室」が午後8時から行われることもあるようです)。

もっと知りたい

● 警察署で国選弁護人選任決定書を見せる必要はないのか。⇒Q2参照。
● 警察署の接見は、何時まで可能でしょうか。⇒Q11 **解説1** 参照。
● 初回接見での持ち物については　⇒Q1参照。

弁護人選任届の提出

Q4 弁護人選任届を提出する際の留意点はありますか。

A4 検察官送致前は警察の捜査担当に提出します(→解説**1**)。提出した際は、写しに受領印をもらいましょう(→解説**2**)。事件の類型によって、検察官送致後の担当部も異なり、検察庁内部の提出先が異なります(→解説**3**)。

解説**1** 検察官送致の前と後とで提出先が異なります。弁護人選任届(弁選)の提出先は、事件が検察官送致の前であるときは警察の捜査担当であり、検察官送致後は検察庁です。

ただし、身体拘束事件を受任した場合で、翌朝に検察官送致が予定されているときは、警察ではなく、(意見書等があるときはそれとともに)検察庁の事件係に提出するようにすることも検討に値するでしょう。なお、勾留前援助を利用して受任している場合には、報酬支給基準との関係で弁選の提出時期に留意する必要があります(→Q5を参照)。

解説**2** 弁選を提出したときは、写しに受領印をもらうことを忘れないようにしてください。

弁選の写しは、裁判所に意見書を提出するときや記録の閲覧・謄写をするときに、提示を求められることがあります。その際、検察庁の受領印が押されていないと、裁判官によっては有効な弁選の提示と扱われないことがあるようです。

そうならないよう、捜査機関に弁選を提出する際には、写しに受領印を押してもらうことを忘れないようにしましょう。

解説3 検察官送致後は、検察庁の担当部によって提出先の窓口や所在地が異なります。

　例えば、東京地検では、刑事部・交通部・公安部などと担当の部が分かれています。それに応じて、弁選も、担当の部に提出するよう求められるのが通常です。そして部ごとに庁舎所在地が異なることがありますので、無駄足とならないよう、提出先に関する管轄検察庁の実情に注意しましょう。

Q5 勾留前援助で受任する場合、どのような点に留意する必要がありますか。

A5 弁護人選任届を捜査機関に提出し、併せてその写しに受領印をもらうことを忘れないようにしましょう(→**解説1**)。被疑者国選への切替えにあたっては、辞任届を検察庁に提出して、その写しに受領印をもらうこと、法テラスに「国選弁護人の選任に関する要望書」をFAXしておくことを忘れないようにしましょう(→**解説2**)。

被疑者国選への切替えのタイミングは、必ずしも勾留質問の当日である必要はありません(→**解説3**)。

解説1 勾留前援助は私選で受任する形式をとります。そのため、① 事件の検察官送致前は警察の捜査担当に、② 検察官送致後は検察庁の事件係に、弁護人選任届を提出することを忘れないようにしましょう。その際に弁護人選任届の写しに受領印をもらうことを忘れないようにしてください。

なお、弁護人選任届は原本の提出が必要です。持参して提出する場合は、開庁時間内に持参する方法のみならず、夜間の受付窓口に持参して提出する方法も可能です。郵送による提出の場合は、配達まで時間がかかることに注意しましょう。

解説2 被疑者国選に切り替える場合には、「辞任届の提出＋法テラスへの要望書のFAX」が必要です。

まず、①「辞任届(原本)」を検察庁に提出します。その際に、辞任届の写しに受領印をもらってください。

② その辞任届の写しと「国選弁護人選任請求書・資力報告書(原本)」を裁判所の令状部に提出します(以下この項では「資力申告書」といいます)。

③ それと同時ないし事前に、「国選弁護人の選任に関する要望書」を法テラス

にFAXしておいてください。

勾留質問後の活動は、勾留前援助制度による報酬支払の対象とはなりません。そのため、要通訳事件において勾留質問前に資力申告書を本人から取得し忘れた場合、勾留質問後に資力申告書を取得する際の通訳人の報酬は、勾留前援助によっては支給されないことに留意する必要があります（詳しくはQ50を参照）。したがって、勾留請求があり得る事案においては、勾留質問までに資力申告書を取得しておきましょう。

なお、勾留質問前に辞任届の写しを裁判所の令状部に提出できた場合は、上記②の手続について、弁護人から資力申告書を裁判所に提出する方法ではなく、被疑者本人が勾留質問の際に裁判官に国選弁護人を依頼したい旨伝えて裁判官の前で資力報告書を作成する方法によることもできます。

以上の手順で、被疑者国選弁護に切り替えることができます。

解説❸ 被疑者国選への切替えをすべきタイミングに制限はなく、勾留質問以降、いつでも可能です。

勾留前援助の場合は私選で受任しているので、辞任しない限りは国選弁護人に選任されません。たとえば辞任のタイミングが勾留後になっても、弁護人が辞任届を提出し、被疑者が国選弁護人の選任を請求すれば、その時から被疑者国選弁護人の選任手続が開始されます。このときは、法テラスへの要望書のFAXは勾留質問までに済ませておく必要はなく、切替えをする時にすれば足ります。

もっと知りたい

● 勾留前援助で受任する場合に、勾留質問当日に弁護人を辞任して被疑者国選に切り替えたいのですが、辞任届を検察庁に提出する手間が煩雑です。辞任することについて、便利な方法はないでしょうか。
　⇒受任の時に、「辞任届付き弁護人選任届」を利用するとよいでしょう。詳しくは、コラム①「辞任届付き弁護人選任届」を参照してください（本書13頁）。

● 勾留前援助で受任した後、被疑者が勾留されることなく釈放されました。この場合、弁護人はその後も続くのでしょうか。
　⇒勾留前援助は私選で受任しているので、釈放後も事件終了まで弁護人の地位は続きます（Q6も参照）。

Q6 被疑者が釈放されたら、弁護人の地位はどうなりますか。

A6 私選か被疑者国選かで異なります。私選の場合は、釈放の理由が不起訴でない限り、引き続き弁護人の地位が続きます（→**解説1**）。被疑者国選の場合は、釈放により弁護人の地位を失います。その後に私選で引き続き弁護することは問題ありません（→**解説2**）。

解説1 私選の場合　　私選弁護人（勾留前援助を利用した場合を含みます）の場合は、被疑者が釈放されたとしても弁護人のままです。釈放の理由が不起訴処分以外の場合には、その後取調べや起訴が想定される限り、継続して弁護活動を続けていきましょう。

解説2 被疑者国選弁護人の場合　　被疑者国選弁護人の場合、被疑者の釈放によって当然に弁護人ではなくなります。したがって、その後も継続して弁護活動を続けるためには、依頼者との間で委任契約を締結し、検察庁に弁護人選任届を提出した上で、私選弁護人として活動することになります。

　なお、国選弁護人の地位は既に喪失しているため、釈放後に新たな委任契約の締結を提案することは、当然には私選慫慂（→Q7）の問題となりません。

　この場合、委任契約締結に伴い報酬の合意をすることもあります。この報酬額が高額に過ぎると、実質的に釈放前の国選弁護人としての活動に対する報酬を受け取ったとみなされる可能性がありますので注意しましょう（弁護士職務基本規程49条1項参照）。

　ちなみに、処分保留釈放後の再逮捕や起訴の場合は、私選として受任しない限り、法テラスから再度受任するか否かの打診が来ることが多いです。ただし、被疑者の釈放後に私選弁護人に就任した場合は、在宅で起訴されたときに被告人国選弁護人に選任されることができなくなるので、注意してください。

辞任届付き弁護人選任届

　辞任届付き弁護人選任届（以下「辞任届付き弁選」と略称します）とは、従来の弁護人選任届の末尾に、たとえば「当職は、上記被疑者に対する上記被疑事件について、勾留状が発せられた場合には、上記選任に係る弁護人を辞任いたします。この場合、当職は、被疑者国選弁護人に選任されることを希望いたします。」という条件付き辞任の意思表示（日付は弁護人選任届の作成日と同一）を記載したものです。

　これまでも地域によっては用いられてきましたが、東京でも利用が開始されています。利用されている地域では、所属弁護士会のＨＰで書式がダウンロードできるところもあるようですので、弁護士会に問い合わせてみるとよいでしょう。

　なお、勾留前援助から被疑者国選に切り替えるためには、辞任届の提出のほか、別途、国選弁護人の選任請求（資力申告書・国選弁護人選任請求書の提出）と、法テラス宛ての要望書の提出も必要となることには留意してください（Q5を参照。なお、上記辞任届付き弁選の文言のうち、「この場合、当職は、被疑者国選弁護人に選任されることを希望いたします。」との部分は、条件付き辞任の趣旨を明らかにする意味合いにすぎず、この文言のみで国選弁護人に選任されるわけではありません）。

Q7 国選弁護事件で、被疑者・被告人から「私選で依頼したい」と言われたら、私選で受任してよいのでしょうか。

A7 弁護士職務基本規程は、国選弁護人から私選弁護への働きかけを原則として禁止（49条2項）しています（→**解説1**）。その趣旨から被疑者・被告人等から依頼された場合であっても、国選弁護事件の私選への切替えは、例外的な場合にしか認められていません（→**解説2**、『刑事弁護ビギナーズ2.1』77頁も参照）。

解説1 国選弁護事件における私選弁護への切替えについて、弁護士職務基本規程49条2項本文は「弁護士は、前項の事件（国選弁護事件）について、被告人その他の関係者に対し、その事件の私選弁護人に選任するように働きかけてはならない」と規定しています（この働きかけを「私選慫慂」と呼ぶことがあります）。

　その理由は、国選の報酬が低額であること等を理由に十分な弁護活動ができないなどとして、国選弁護人が、被疑者・被告人その他の関係者に対し私選弁護人に選任するように働きかけることは、国選弁護人全体の職務の公正さを疑わせ、ひいては国選弁護制度の公正さを害するに至るものと考えられることから、これを原則として禁止することにあります。

　もっとも、前記の弁護士職務基本規程49条2項は、そのただし書において、「ただし、本会又は所属弁護士会の定める会則に別段の定めがある場合は、この限りではない」と規定しています。

　したがって、私選弁護人に選任するように働きかける行為は、原則として禁止され、例外的に、会則に定められた場合にのみ認められます。

　この私選慫慂の原則禁止は、私選弁護人に選任するように働きかける目的の如何を問わないとされています。そのため、仮に私選弁護人となっても報酬を受け取らない旨の約束をしたからといって、国選弁護人が私選弁護人に選任す

るよう働きかける行為は原則として許容されないということに注意してください。

解説2 会則に別段の定めがある弁護士会においては、その例外許容要件を充足する場合には例外的に私選弁護への切替えが可能といえます。

　弁護士職務基本規程および会則とその運用を理解し、依頼者に説明した上で、私選弁護への切替えを希望する依頼者と相談するようにしてください。

もっと知りたい

● 被疑者国選弁護を務めていた被疑者が処分保留で釈放になった後、その事件について、示談交渉の代理人や弁護人を依頼されました。受任してもよいでしょうか。

　　⇒Q6の**解説2**を参照。

私選における着手金・報酬金の上限

Q8 当番弁護で接見した被疑者・被告人から、私選での刑事弁護を依頼されました。その場合、着手金と報酬金の金額に上限はあるのでしょうか。

A8 特に上限があるわけではありませんが、目安はあります（→**解説1**）。たとえば、東京三弁護士会では、当番弁護から受任する場合で一定の金額以上で契約するときは、所属弁護士会への報告が必要になります（→**解説2**）。

解説1 私選で受任する場合、着手金および報酬金の金額について、上限が定められているわけではありません。

　もっとも弁護士会によっては、当番弁護からの私選受任の場合には、一定の目安が定められており、この目安を上回る金額で受任する場合には、所属弁護士会に報告する義務が定められていることがありますので、受任の際には注意しましょう。

　たとえば、東京三弁護士会（東京三会）においては、以下のような目安の金額が定められています。

① 被疑者段階の弁護活動の着手金は20万円（税別）

② 公判請求されなかった場合（不起訴・略式起訴）の報酬金は30万円（税別）

③ 公判請求された場合の起訴後から一審判決までの弁護活動の着手金は30万円（税別）

④ 一審判決による報酬金は30万円（税別）

解説2 東京三会で上記金額を超える場合の報告をする場合には、「契約に関する報告書」（『当番弁護士マニュアル（資料・書式編）』（2018年6月）書式6）の提出を求められます。

東京三会の上記報告書には、「事件の概要」と「基準額を超える理由」を記載することが求められます。上記基準額を超える金額で受任する場合には、事件の難易度・弁護活動の内容・依頼者の資力等から、「基準額」を超えるとしても相当な契約内容である事情を記載しましょう。

　大阪では、着手金および報酬金に上限はありませんが、当番弁護から私選で受任した場合には、契約内容を明らかにする報告書を提出することとされています。

契約に関する報告書

提出日　年　　月　　日
配点番号２０　-

当番弁護士　　　　　　　　　　　　　印

東・一・二／登録番号　　　（　　期）

被疑者・被告人・少年（氏名）＿＿＿＿＿＿＿＿＿＿＿＿＿＿＿

（事件名）＿＿＿＿＿＿＿＿＿＿　被疑者・被告人・保護　事件

事件の概要・基準額を超える理由

※契約書を添付してください。

17

被疑者・被告人以外の者の弁護士費用支出

Q9 被疑者・被告人以外の者に弁護士費用を支出してもらう場合の留意点を教えてください。

A9

誰が支出しようと、あくまでも被疑者・被告人の利益のために活動しましょう（→**解説1**）。被疑者・被告人以外の人物から弁護士費用を出捐してもらった場合には、誰に返金すればよいかを、出捐者や被疑者・被告人との間であらかじめ明確にしておくことが、辞任時の返金先に関するトラブルを回避する上で重要です（→**解説2**）。

解説1 弁護士が被疑者・被告人以外の第三者（以下便宜的に「出捐者」といいます）との間で被疑者・被告人の弁護に関する委任契約を結び、弁護士費用も出捐者から受け取ることがあります。この場合、弁護士費用を誰が支出しようと、弁護人はあくまで被疑者・被告人の利益のために活動するということに変わりはありません。その意味で「被疑者・被告人」が依頼者であることには、全く変わりはありません。

弁護人選任届の選任者が被疑者・被告人以外の者であっても、それは同じです。

被疑者・被告人が依頼者である以上、被疑者・被告人本人の利益よりも出捐者の利益を優先することは、あってはなりません。被疑者・被告人の意向と出捐者の意向とが食い違う場合には、被疑者・被告人の意向を優先すべきですし、出捐者にもあらかじめその旨を説明しておきましょう（出捐者がそのことを了承したことは、書面に残しておくことが望ましいでしょ）。

仮に出捐者が了承しない場合には、出捐者が出捐しない方法を検討しましょう。たとえば、当番で出動した場合は、勾留決定前であれば勾留前援助制度の利用や被疑者国選弁護人への就任を検討しましょう（当番出動から国選弁護人就

任までの流れについてはＱ５参照）。当番ではなく私選の依頼から始まった場合は、受任しないで当番弁護士の派遣要請や国選弁護人選任請求の方法を教示することや、勾留前援助を利用して受任することも検討しましょう（ただし、この場合には、自身が国選弁護人に選任されることはできません。勾留前援助での受任を経由したとしても同様です）。

解説2 弁護士が出捐者との間で委任契約を結び、弁護士費用も出捐者が支出したものの、途中で契約が解除されて辞任することもあります。この場合において、弁護士費用を返還することになったとき、出捐者からだけでなく、被疑者・被告人からも「自分のためのお金なのだから自分に返還せよ」といわれたら、どちらに返金をすればよいのか苦慮することがあります。

そこで、このような事態に陥ることを回避するために、たとえば以下の２つの方法が考えられます。

① 出捐者に返金する場合：あらかじめ依頼者（被疑者・被告人）との間で、「返金の際は出捐者に返金することとする」旨を書面等で明示的に合意しておく方法が考えられます。

② 被疑者・被告人に返金する場合：弁護士費用を出捐してもらうとき、いったん出捐者から被疑者・被告人に贈与の趣旨を明確にして弁護士費用を差し入れてもらい、その後に被疑者・被告人から弁護人宛てに弁護士費用を宅下げしてもらうという方法が考えられます。

上記①または②のいずれの場合においても、被疑者・被告人以外の人物から弁護士費用を出捐してもらった場合には、誰に返金すればよいかを、出捐者や被疑者・被告人との間であらかじめ明確にしておくことが、辞任時の返金先に関するトラブルを回避する上で重要です。被疑者・被告人や出捐者とよく相談して取り決めておきましょう。

なお、経験上は、上記②の方式の方が、返金時のトラブルになりにくいと思われます。さらに、弁護に関する委任契約の相手方も、出捐者ではなく被疑者・被告人としておくと、いっそう返金時のトラブルは起きにくくなると思います。

Q10 心当たりのない警察署から電話があり、以前弁護したことのある元依頼者から接見要請がありました。どうすればいいですか。

A10 弁護士は事件の依頼があったときは、受任するか否かを回答する義務があります（弁護士職務基本規程34条）。

解説 弁護士職務基本規程の適用があります。

まず、接見に行くか行かないかを決める必要があります。その際に重要なことは、被疑者・被告人からの指名によっては国選弁護人になることはできないということです。したがって、この場合に弁護人に就任する手段は私選弁護人しかありません。

接見に行くと決めた場合には、初回接見ですので、直ちに接見に向かいましょう。この場合、既に国選弁護人が就任している可能性にも留意しましょう。

一方、接見に行かないと決めた場合に留意すべきは、弁護士職務基本規程34条です。同条は、「弁護士は、事件の依頼があったときは、速やかに、その諾否を依頼者に通知しなければならない」と規定しています。そのため、接見要請を受けたにもかかわらず、それを放置してしまうと、弁護士職務基本規程に違反するおそれがあります。したがって、今回の接見要請を受けるつもりがない場合でも、その旨通知する必要があります。

通知の方法には限定がありませんので、接見要請の電話口で、警察官に対して、接見しない旨伝達してほしい、と伝えることでも足ります。慎重を期する場合や、接見要請が繰り返される場合には、念のため書面で通知することも検討するとよいでしょう。

なお、現在では、逮捕段階では当番弁護士制度が、勾留後は被疑者国選弁護

人制度がありますので、被疑者に対してこれらの制度の教示が適切になされていれば弁護人による援助を受けることができます。しかし、接見要請が繰り返される場合には、制度の教示が適切になされていないか、制度をよく理解できていない可能性があります。したがって、義務ではありませんが、一度その被疑者と接見し、接見要請の趣旨を確認することも検討してよいでしょう。

Q11 夜間や休日の接見は可能でしょうか。

A11 警察署の場合、接見の受付時間に制限はありません。また、休日でも接見は可能です（→**解説1**）。拘置所の場合、法務省と日弁連の間に申合せがあります。この申合せにより、一定の場合に、平日の夜間と土曜日の午前中の接見が可能です（→**解説2**・**解説3**）。

解説1 警察署での接見については、基本的には接見の受付時間に制限はなく、夜間でも接見は可能です。また、休日でも接見は可能です。

もっとも、就寝時刻である午後9時以降の接見は、被疑者・被告人の負担になる可能性があり、その点の配慮は必要になります。そこで、接見が午後9時以降になる場合は、事前にその旨を留置係に電話で連絡しておくのがお勧めです（Q13の**解説2**も参照）。

ちなみに、警察署の留置施設では、おおむね午後8時30分頃から就寝準備が始まり、午後9時頃まで行われます。この間は留置係で受付をしてくれる警察官が不在になり、就寝準備が終了するまで待たされる可能性が非常に高くなります。待たされるのが嫌であれば、午後8時30分前に受付を済ませるか、午後9時以降に接見するのがよいでしょう。

解説2 拘置所の場合、法務省と日弁連との間の申合せがあります（「夜間及び休日の未決拘禁者と弁護人等との面会等に関する申し合わせ」⇒本書25頁）。この申合せに従い、一定の場合に、平日の夜間の接見と土曜日の午前中の接見が可能になっています。

●平日の夜間接見について

　各地で違いはありますが、たとえば東京拘置所の場合、平日の通常の接見時間は、① 午前は午前8時30分から午前12時まで（受付は午前11時30分まで）② 午後は午後1時から5時まで（受付は午後0時30分から午後4時まで）になります。(http://www.moj.go.jp/kyousei1/kyousei_kyouse37-1.html。または「法務省 施設所在地及び面会受付時間一覧」で検索してください)

　午後5時以降の時間は、平日の夜間接見として別途事前予約が必要になります。夜間接見の接見時間は午後5時から午後8時までです。

　もっとも、平日の夜間接見が可能になるのは、以下の① または② の場合に限られます。

①　当該面会希望日から起算して5日以内に公判期日（公判前整理手続期日および期日間整理手続期日を含む）が指定されている場合

②　上訴期限又は控訴趣意書等の提出期限が当該面会希望日から起算して5日以内に迫っている場合

　なお、この「5日以内」には、土日祝日が含まれません。そのため、例えばある年の8月8日の水曜日が公判日の場合、8月4日と5日の土日は計算に入らないので、8月2日の木曜日から接見が可能になります。

　夜間の接見を希望する場合は、面会希望日の直近の平日の執務時間までに予約をする必要があります。ただし、次の各号に掲げる場合には、それぞれ当該各号に定める時点までに予約をすれば足ります。

ア　当該面会希望日当日に面会の必要が生じた場合（イに掲げる場合を除く）→当日午後3時30分まで。

イ　当該面会希望日に公判期日が開かれており、翌日にも公判期日が予定されている場合→当該面会希望日の執務時間中。

●土曜日の休日接見について

　夜間接見と同様、事前に予約をすれば、土曜日の午前8時30分から午前12時まで接見が可能です。土曜日の午前中の接見が可能になるのは、以下の① または② の場合に限られます。

①　当該面会日から起算して、2週間以内に公判期日が指定されている場合

② 　上訴期限又は控訴趣意書等の提出期限が当該面会日から起算して2週間以内に迫っている場合

※土曜日の休日接見の場合には、2週間の計算において、土日祝日を含みます。

【解説3】 拘置所の接見の例外的措置について

　上記にかかわらず、下記の事情が存する場合であって、平日の執務時間内に面会を実施することが困難なときには、夜間又は休日(平日の執務時間と同一の時間)にも弁護人等との面会を実施するという例外的措置の取決めもあります。

ア　弁護人等が遠隔地から来訪する場合

イ　通訳を要する事案において、通訳人が遠隔地から来訪する場合

ウ　未決拘禁者から、弁護人等に対し、別件の被疑事件について取調べを受けたので至急面会したい旨の信書(電報及びファクシミリを含む)が休日又はその直前に届いた場合

エ　その他上記に準ずる緊急性及び必要性が認められる場合

【参考】
「夜間及び休日の未決拘禁者と弁護人等との面会等に関する申し合わせ」(抜粋)

(予約)

6(1)　未決拘禁者との夜間又は休日の面会を希望する弁護人等は、当該面会希望日の直近の平日(当該面会希望日を含まない)の執務時間までに、刑事施設等に対して予約をするものとする。ただし、夜間の面会について、次の各号に掲げる場合には、それぞれ当該各号に定める時点までに予約をするものとする。

ア　当該面会希望日当日に面会の必要が生じた場合(イに掲げる場合を除く)
当日午後3時30分

イ　当該面会希望日に公判期日が開かれており、翌日にも公判期日が予定されている場合　当該面会希望日の執務時間

(2)　(1)の予約が行われていない場合には、職員配置の事情等により、面会が実現できないこともある。

(例外的措置)

7　上記にかかわらず、次に掲げる事情が存する場合であって、平日の執務時間内に面会を実施することが困難なときには、夜間又は休日(平日の執務時間と同一の時間)にも弁護人等との面会を実施する。

ア　弁護人等が遠隔地から来訪する場合

イ　通訳を要する事案において、通訳人が遠隔地から来訪する場合

ウ　未決拘禁者から、弁護人等に対し、別件の被疑事件について取り調べを受けたので至急面会したい旨の信書(電報及びファクシミリを含む。)が休日又はその直前に届いた場合

エ　その他上記に準ずる緊急性及び必要性が認められる場合

Q12 検察庁や裁判所でも接見できるのでしょうか。

A12
可能です。ただし、被疑者段階では、手続や時間に制約があります(→**解説1**)。被告人段階では、勾留場所が拘置所か警察の留置施設かで接見の場所が変わります(→**解説2**)。検察庁や裁判所での接見の場合、接見資料は交付されません(→**解説3**)。

解説1 検察庁や裁判所でも、弁護人または弁護人となろうとする者として接見することができます。

被疑者段階では、手続や時間に以下のような制限があります。

●検察庁での接見

・検察庁での取調べの当日に予約する必要があります(前日は受け付けてくれません)。検察庁で取調べがある当日に担当検察官(担当検察官や立会事務官が不在の場合は事件係)に電話しましょう。東京では、11:00から15:00までの間、30分の枠内で20分間の接見ができます。大阪では、担当検察官に電話して予約すれば、接見時間に基本的に制限はないようです。

・接見室に空きがない場合には、いわゆる面会接見(捜査機関の職員が立ち会う接見)も可能です。

●裁判所での接見

・東京の場合、勾留質問の前後に接見するためには、接見指定が必要です。令状部へ行き、接見したい旨を伝えれば、接見指定の手続がとられます。接見は、勾留質問の前と後のどちらも可能です。

・東京の場合、勾留理由開示の前後に接見する際は、接見指定は不要です。直

接、裁判所内の警察の管轄する接見室(いわゆる「仮監」)へ向かいましょう。

　大阪では、警察の留置施設で勾留されている場合は、捜査段階および第1回公判前は裁判所の令状部で接見指定を受けてから接見します。第1回公判後は係属部で接見指定を受けます。これに対して、拘置所で勾留されている場合は、裁判所内の拘置所管轄の接見室へ行けばよく、接見指定の手続は必要ありません。

解説2 被告人段階は主に裁判所での接見が想定されますが、本人が庁舎内にいる限り、事前の予約なく接見できます。ただし、勾留場所が拘置所か警察の留置施設かによって、接見室の場所が異なります。被告人段階になると、拘置所に移送された後は、裁判所内の拘置所の管轄する接見室で接見することになります。起訴後であっても、勾留場所がまだ警察の留置施設である間は、警察の管轄する接見室での接見になります(起訴後直ちに拘置所に移送されるとは限らないので注意しましょう)。なお、起訴後に拘置所に移送された場合は、捜査機関から弁護人に連絡が入るのが通常です。

　ちなみに東京地裁の場合には、拘置所の管轄する接見室と警視庁の管轄する接見室(同行室とも呼ばれています)があり、それぞれ場所が異なります。

解説3 被疑者段階で検察庁や裁判所で接見するときは、法テラスへの報酬請求に必要な接見資料(警察署で接見をする際に記入する申込み用紙の下に敷いて使用する複写紙のこと。Q25 **解説2** も参照)は交付されません。もっとも、これらの場合は、法テラスの報告書には接見を行った旨を記載すれば足り、接見資料の添付は不要です。

Q13 警察署の接見室利用について、マナー（申合せ）があると聞いたのですが、そのマナーについて教えてください。

A13 いわゆる「接見渋滞」の解消のために、弁護士会ごとにマナー（申合せ）が存在することがあります（→**解説1**へ）。接見が就寝時刻（午後9時）以降になる場合には、留置係への事前連絡があると円滑です（→**解説2**）。

解説1 警察署によっては、接見室の数の関係から接見が集中して弁護士が長時間待たされる時間帯があります。一般には、弁護士が一般面会とのバッティングを避けることなどから、午後6時から9時頃の接見が渋滞しがちです。

そこで、弁護士会ごとのマナー（申合せ）が存在することがあります。

申合せの内容として、概ね30分から1時間以上の接見の場合は、弁護士同士の配慮を促しています。初回接見や通訳事件の場合には1時間以上の接見となりがちです。そのような場合には、何らかの配慮が望まれているようです。もっとも、被疑者・被告人が不利益を被ることになるのは本末転倒ですので、弁護士同士の臨機応変な対応が望まれます。

具体的な各会のマナー（申合せ）の内容は、所属弁護士会に確認するようにしてください。

● 東京三弁護士会の場合（2022年6月時点の運用）

1時間程度で一度接見室を出て、留置係に対して接見を待っている弁護士がいるかを尋ねることが推奨されています。また、後から来た弁護士が接見室の扉をノックして、接見中の弁護士と調整を図ることができるとされています。

● 大阪の場合

30分経過したら、待っている弁護士が接見室のドアをノックして、あとど

れくらいかかるかを尋ねることができるとされています。

解説 2 就寝時刻（午後9時）以降の接見は、被疑者・被告人が部屋を出る際に同房者とトラブルのもとになったりすることがあります。また、被疑者・被告人が入眠のため睡眠導入剤を服用している場合には、接見に支障をきたすことになります。

　そのため、接見開始時刻が午後9時を回るような場合には、少し早めの時間に、留置係に電話で事前連絡しておくと、夜間の接見が円滑になることが経験上多いです。

Q14 差入れや宅下げのやり方を教えてください。

A14 警察署の場合(→解説1)と拘置所の場合(→解説2)とで、少し異なります。

解説1 警察署の場合

● 窓口での差入れについて

差入れは警察の所定の用紙に記入します。職印があるとスムーズです。

差入れできるものにはおおむね以下のような制限があります。

食品：差入れできません。

本：1日に5冊までです。クロスワードパズルなど差入れできない本もあります。外国語の本については、弁護人からの差入れは書込み等がない限りは差入れできますが、一般人の差入れでは基本的に翻訳文がないと差入れは認められていないようです。

衣類：紐やボタンのある衣類、ファスナーなどの金属の部品が付いた衣類は差入れできないことがあります。最近の衣類には、ストレッチ素材の生地が使われていますが、このような衣類は自殺防止等の観点から差入れができないことがあります。

なお、差入れ可能な物品については、郵便での差入れが可能です。この場合は、職印による押印は不要です。

● 窓口での宅下げについて

被疑者・被告人に弁護人宛てで手続をしてもらいます。受領には、職印があるとスムーズです。

宅下げは、即日の手続が可能です。もっとも、貴重品保管庫に入れられている貴重品（金銭・鍵・携帯電話・キャッシュカードなど）は、午後5時以降は貴重

品保管庫の管理者が不在になり、宅下げできなくなります。貴重品の宅下げを受けるためには、午後5時よりも前に被疑者に宅下げの手続を取っておいてもらう必要があります。

解説 2 拘置所の場合

●時間的制約について

まず、拘置所の場合、警察署と異なり、差入れと宅下げの受付に時間的な制約があるので注意が必要です。拘置所によりますが、たとえば東京拘置所の場合、午前11時30分から午後1時までは受付けされませんし、最終の受付時間は午後4時になります。

●差入れについて

拘置所の場合、警察署と異なり、弁護人からでもそれ以外からでも、裁判資料でない信書は郵送でしか差入れできないという運用がされています（刑事収容施設法144条、130条1項、同法施行規則80条1項参照）。また、拘置所では警察署と異なり、弁護人からの差入れであっても、差入れ後に直ちには被疑者・被告人の手元に届かないことがあります。地域にもよりますが、基本的には、被疑者・被告人の手元に行くまでに2、3日かかると思っておいてよいでしょう。もっとも、弁護人選任届等の選任・委任関係の書類については、即日の差入れと宅下げが可能です。その他の書類（例えば保釈に必要な誓約書や更生支援計画書）は、拘置所によっては即日の差入れと宅下げが可能です。

即日の差入れを行う場合、たとえば東京拘置所では、接見室のあるフロアの整理票を見せる場所で対応されます。大阪拘置所では、「これから接見で使う」と弁護人待合室の窓口で伝えれば、すぐに本人に交付される運用がされているようです。

各拘置所の内規に従い、食品や筆記具、タオル等を拘置所の売店で買って差入れることができます（ただし、ノートは差入れできず、自弁する必要があります）。

●宅下げについて

差入れと同様、拘置所の場合は受領まで2、3日を要することがあります。そのため、謝罪文や反省文等、証拠とするための書類の授受には、この時間的制約について特に注意してください。

外部との連絡

Q15 被疑者から家族や知人に連絡してほしいとお願いされました。連絡してもよいでしょうか。

A15 家族や知人との連絡に応じること自体には問題はありません（→解説1）。ただし、証拠隠滅や逃亡などに利用される可能性がありますので、連絡する目的と伝えるメッセージの内容には注意しましょう（→解説2）。連絡があまり頻繁になると、弁護活動の支障になる可能性もありますので、その程度にも注意しましょう（→解説3）。

解説1 身体を拘束されている被疑者・被告人は、外部の人との連絡が困難になります。外部の者との連絡をとることは、弁護人であれば、必ずといってもよいほど被疑者・被告人から依頼される事柄です。外部の人との連絡をとることは、解説2や解説3で述べるような危険がなければ、基本的に問題ありません。被疑者・被告人のこのような依頼は、被疑者・被告人にとっても重要なことですし、弁護人が被疑者・被告人との信頼関係を構築する上でも意義のあることですので、必要性の認められる範囲で依頼に応じるとよいでしょう。

解説2 注意しなければならないのは、被疑者・被告人が弁護人を通じて家族や知人に証拠隠滅や関係者の逃亡を指示する等の可能性がある点です。特に接見禁止が付されている被疑者・被告人の場合は、接見禁止の制度趣旨に配慮しつつ慎重な対応が求められます。

　まずは、連絡の相手との関係性や相手方の属性、連絡の目的を具体的に聞いてください。その上で、伝達するメッセージの内容とその意味するところ（何らかの指示が暗示されていないか等）を検討し、伝えて問題ないと判断した場合に限って伝達するべきです。

伝言することに問題があるとまではいえないものの、何らかの証拠隠滅等の危険性を払拭できないと思われる場合には、弁護人は関与しないことが望ましいでしょう。問題はこの場合にどのように対応するかですが、例えば「弁護活動上の必要性がない」等の説明をして断ることが考えられます。本人の要望を断れないような場合には、例えば、本人に書式を差し入れた上、メッセージを伝えたい者やメッセージを記載した手紙についての接見禁止一部解除の申立てを本人自身に行ってもらう等の方法が考えられます。いずれにせよ、安易に本人の要望に引きずられることなく、慎重に対応してください。

解説3 弁護人は、被疑者・被告人のメッセンジャーではありません。伝言の回数があまり頻繁になると、その負担から弁護活動に支障が生じ、本末転倒の事態も生じうるところです。一部の被疑者・被告人は、弁護人をメッセンジャーのように利用することがあります。このような場合、メッセンジャーのように利用されることがないように注意しなければなりません。負担が大きくなるようであれば、本人に手紙を書いてもらうことや、前述の接見禁止解除申立てを本人自身に行ってもらうことを検討してください。

預金の引出しなどの依頼

Q16 被疑者・被告人からの「預金の引出し」や
「家に行って欲しい」という依頼は
どこまで応じればよいのでしょうか。

A16 被疑者・被告人や捜査機関との関係でトラブルの原因となり得
ること、弁護活動上の必要性や他に依頼できる人がいるか否か
などを考慮して決めるのがよいでしょう(→**解説1**)。預金の引
出し(→**解説2**)と、家に行く場合(→**解説3**)とそれぞれに特有の
問題があります。

解説1 被疑者・被告人から、「預金を引き出して○○して欲しい」とか「家に行っ
て○○を取ってきて欲しい」などという依頼を受けることは、弁護活動をする
上で必ず直面します。これに応じるかどうかは、各々の弁護人の活動スタンス
によるところではありますので、本書で深入りすることはしませんが、以下の
点などを考慮して決めるのがよいでしょう。

① 被疑者・被告人や捜査機関との関係でトラブルになる可能性(窃盗や横領を疑
  われる可能性、マネーロンダリングに利用される可能性、証拠隠滅への関与を疑
  われる可能性等)。

② 弁護活動にとって必要であるか(示談金の確保など)。

③ 被疑者・被告人の家族など、他に依頼できる人がいるか否か。

　以上のような点を考慮して、個々の事案に即して決めてください。応じるこ
ととした場合には、事前に同意書を交わすことや、一人では行かないなどのト
ラブル防止策を講じておくことをお勧めします。

解説2 預金の引き出し依頼について

　預金を引き出すことが弁護活動にとって必要な場合であっても、被疑者・被
告人の家族や親友など他に依頼できる人がいるときは、まずはその人に引き出

してもらうことを検討しましょう。

　仮に他に依頼できる人がいないときは、以下の方法などで対応することを検討するとよいでしょう。

・事前に同意書を交わし授権の範囲を明らかにしておく（場合によっては、事後にも本人から今回の預金引き出しに問題がなかった旨の確認書を交わす）。

・引出しの前後の預金の残額を証拠化しておく。

解説3 家に行って欲しいとの依頼について

　被疑者・被告人の家に立ち入ることは、上記預金の引出し以上に慎重に対応することが求められます。まずは本人から第三者に依頼できないかを検討しましょう。

・まず、何をするために家に行くのか、その目的を確認してください。その目的が弁護活動に必要かどうかを検討します。証拠隠滅に利用されるなどの別の目的があるかもしれませんので、その点については十分に検討します。もし少しでも不安があるのであれば、応じないか、依頼者の承諾を得て担当検察官に連絡してから家に行く方がよいでしょう。

・時期（タイミング）の検討も重要です。捜査機関の捜索・差押えの入る前のタイミングに弁護人が家に立ち入ったとすると、証拠隠滅の疑いがかけられる可能性があります。この場合、それでも弁護活動上の必要がある場合には、基本的に担当検察官に連絡した方がよいでしょう。

・やむを得ず立ち入らなければならない場合には、預金の引き出しの場合と同様に本人からの同意書や確認書を取得したり、賃貸人や他の弁護士に立ち会ってもらう等の何らかの配慮をした方がよいでしょう。また、前述のように事前に担当検察官に一報を入れておくことも検討してくだください。

電話による外部交通

Q17 電話で接見ができると聞いたのですが、どのように行えばよいでしょうか。

A17

憲法や刑訴法で保障された秘密接見ではありませんが、電話による外部交通は可能です。もっとも、電話による外部交通ができる地域は限定されています(→解説1)。例えば、東京の場合は外部交通予約センターに電話予約をし、FAX送信されてくる「外部交通票」を持参して、「アクセスポイント」へ行きましょう(→解説2)。前日までに予約する必要があるなど、さまざまな注意点があります(→解説3)。

解説1 電話による外部交通は、日弁連と法務省との合意によって試行されている仕組みです。刑事収容施設法の施行に伴い、拘置所と裁判所とが比較的離れている8カ所(札幌、仙台、東京〔立川を含む〕、横浜、大阪、京都、神戸、福岡)について、電話による外部交通を試行することになりました。

　例えば東京では、通常の電話ではなく、お互いの顔が見えるテレビ電話による外部交通が実施されています。

解説2 電話による外部交通の予約から実施当日までの手続について(東京の場合)

・刑事弁護センター（外部交通予約センター：電話番号03-3595-8870)に電話で予約をしましょう。

・電話では、① 被疑者・被告人の氏名と生年月日(氏名を黙秘している場合には、警察署の留置番号)、② アクセスポイントが東京地方検察庁か法テラス東京か(法テラス東京は国選事件の場合のみ利用可)、③ 希望日時、④ 弁護士の氏名・登録番号・所属弁護士会・事務所のFAX番号、を伝えてください。

・その後、「電話による外部交通票」がFAXされてきますので、当日その外部交通票をアクセスポイントに持参すれば、電話による外部交通が可能になります。

　なお、大阪では私選事件にあっては検察庁が、国選事件にあっては法テラスがそれぞれアクセスポイントとされています。

解説3 電話による外部交通に関する注意点

・事前の予約が必要です。予約方法は、電話のみです。予約の電話は、事務所の職員からでも可能です。

・弁護人となろうとする者も利用することができます。被疑者段階でも、拘置所に身体拘束されている場合には、電話による外部交通が可能です。

・通訳人又は司法修習生も、1名に限り同席できます。

・電話による予約は、実施日の1週間前から前日の15時までに行う必要があります。

・予約の電話の受付時間は、平日に限られ、10時〜12時と13時から17時(ただし、実施前日の予約については15時まで)の間です。

・電話交通ができる時間帯は、9時30分、10時、11時、13時、14時、15時、16時から各20分間です。

・回数は、被疑者・被告人1人につき、1日に1回限りです。

・電話交通は、刑訴法39条の秘密接見とは位置づけられていません。また、アクセスポイントのブースから声が外に聞こえてしまう可能性があり、完全に秘密が守られるわけではありません。そのため、話す内容に注意しましょう。

　なお、① 捜査の都合が生じた場合(例:現場引当たりが突然に実施されるなど)、② 医療・健康上の支障が生じた場合(例:拘置所外で治療を受けることになったなど)、③ 機器や回線が故障した場合には、予約していても電話による外部交通が実施できないことがあります。

被疑者の取調べへの対策

Q18 被疑者の取調べに立会いはできませんか。できない場合、何かできる対策はないでしょうか。

A18 基本的には事前に入念な打ち合わせをすることしかできません（→解説1）。在宅事件の場合には取調室近傍で待機することができます（→解説2）。

解説1 事前に依頼者と入念に打ち合わせを行いましょう。

　現在の捜査機関の運用では、在宅事件でも、身体拘束を受けている事件でも、弁護人が取調べに同席することを求めても、拒否されるのが通例です。そのため、取調べ前に依頼者との間で、取調べで質問に答えるのか否か、答えるとしてどのような内容を話すのかを入念に打ち合わせる必要があります。黙秘することに決めた場合には、たとえば、以下のようなアドバイスをすることが考えられます。

・「黙秘をするのに理由は要りません」。
・「取調官は『黙秘すると不利になるぞ』と言ってきますが、それは嘘です」。
・「取調官は、『黙秘する理由って何なの？』と執拗に尋ねてきますが、答える必要はありません」。

解説2 在宅事件の場合にはできることも増えてきます。

　在宅事件の場合には、取調べの場に同席することはできませんが、取調室近傍の待合室で待機し、依頼者がすぐに相談できるような態勢をとることができます。ただし、依頼者が取調官に対して「弁護人と相談したいので一度部屋を出させてほしい」と言っても、「そんなに重要なことではないから、弁護士に相談するまでもないですよ。大丈夫」などと非常に強い説得に遭うことが多々あります。このことをあらかじめ依頼者に伝えたうえで、部屋を出たい旨を強硬

に主張するようアドバイスしておくべきです。

　在宅事件で取調べがある場合には、事前に捜査機関から依頼者に取調べをするので出頭して欲しい旨の連絡があります。依頼者には、事前に、「捜査機関から連絡があった場合には、『弁護人と日程調整してから予定を連絡する』と伝えてください」と助言しておいてください。

貴重品の宅下げ

Q19 警察署で現金などの貴重品の宅下げを受ける場合、時間等の制約はあるのでしょうか。

A19

被疑者の所持品である現金などの貴重品は、警察の貴重品保管庫に保管されるため、基本的には午後5時以降は宅下げができません（→解説❶）。午後5時以降に宅下げをする場合には、午後5時以前に本人に宅下げの手続をしておいてもらう必要があります。また、時間はかかりますが、現金を郵送宅下げすることもできます（→解説❷）。

解説❶ 被疑者の所持品のうち、現金などの貴重品は、貴重品保管庫に保管されており、鍵の管理の問題から基本的には午後5時以降に宅下げをすることができませんので注意しましょう。何が貴重品とされるかについては、警察の留置係で判断されているようですが、基本的には現金、カード類や貴金属は貴重品として扱われています。

携帯電話やスマートフォンなども貴重品の類として取り扱われるのが通常です（Q20も参照）。

解説❷ 午後5時以降に宅下げが必要な場合には、本人に午後5時より前に弁護人宛てに宅下げ手続をしておいてもらう必要があります。宅下げの手続が済んでいれば、保管庫とは別の場所で保管されるので、午後5時以降に受け取ることができます。

現金を郵送により宅下げすることもできます（現金書留の方法によります）。ただし、署内の手続や郵送に時間がかかることに留意しましょう。

接見等禁止が付されている場合でも、現金は差入れ・宅下げできるのでしょうか。

⇒現金は接見等禁止の対象とならないのが通常です（禁止されるのは通常は「接見すること及び書類の授受」であり、現金はこれに含まれません）。そのため、接見等禁止が付されている場合であっても、弁護人はもちろん、家族や友人など弁護人以外の者に宅下げすることもできます。

Q20 警察署での携帯電話・スマートフォンの宅下げについて教えてください。

A20 被疑者の所持品である携帯電話やスマートフォン(以下「携帯電話等」といいます)は、留置係の貴重品保管庫に保管されるため、基本的には午後5時以降に宅下げができません(→**解説①**)。携帯電話等が押収されている場合には、宅下げ自体ができません(→**解説②**)。押収された携帯電話等に保存された連絡先を知るには、捜査機関と交渉してみるとよいでしょう(→**解説③**)。

解説① 携帯電話等は、通常貴重品として取り扱われています。被疑者の所持品の中の貴重品については、貴重品保管庫に保管されており、鍵の管理の問題から、基本的には午後5時以降は宅下げをすることができません。

　午後5時以降に宅下げが必要な場合には、本人に午後5時前に弁護人宛ての宅下げ手続をしておいてもらう必要があります。宅下げの手続が済んでいれば、保管庫とは別の場所で保管されるので、午後5時以降に受け取ることができます。

解説② 被疑者が弁護人に家族等の連絡先を伝えるために、携帯電話等の宅下げを希望することがあります。しかし、携帯電話等が押収されている場合、宅下げはできません。被疑者には、携帯電話等が押収されている場合にはそもそも宅下げができないことを説明しておくとよいでしょう(押収物の還付を受ければ、被疑者から弁護人宛てに宅下げをすることができます。押収物の還付請求については、Q42を参照)。

解説3 被疑者が連絡を希望する相手について、携帯電話等が押収されているために連絡先が分からないことは多々あります。そのような場合、家族その他の事件と無関係であることが明らかである者については、捜査機関に申し入れれば、携帯電話等に登録されている連絡先を入手することができることもあります。また、捜査機関の方で、弁護人が連絡を取りたがっていることをその人物に伝えてくれることも、経験上ありました。いずれにせよ、諦めないで捜査機関と交渉してみましょう。

Q21 捜査弁護の初期段階では、どのような情報が必要でしょうか。また、それをどうやって入手したらよいでしょうか。

A21 担当検察官の名前・所属部・内線番号または直通番号・FAX番号を把握しましょう（→解説**1**）。検察庁の事件係への電話により確認できます（→解説**2**へ）。

解説**1** 捜査段階の初期段階においては、検察官との面談、被害者・関係者の連絡先の問い合わせ、検事調べの日程、検察庁での接見、処分の確認など、担当検察官に連絡を取る必要が生じることが多々あります。担当検察官に連絡を取るために必要なのが、その氏名や内線番号（直通の番号を教えてもらえる場合は、その番号）です。

　また、意見書や申入書を送付する場合に備えて、担当検察官のFAX番号も把握しておきましょう。

解説**2** それらの入手方法について触れます。

　検察庁の代表番号に電話して、事件係につないでもらいましょう。被疑者の担当検察官を知りたい旨を伝えればつないでくれます。事件係につながったら、被疑者の名前と罪名、留置場所や逮捕日・勾留日などを聞かれますので、答えれば担当検察官を教えてもらえます。細かいですが、このときに担当が「検事」「副検事」「検察官事務取扱検察事務官」のいずれであるのかも確認しておくと、意見書のあて名を書く際に悩まなくて済みます。

　そのまま検察官の係（立会事務官）につないでもらうこともできます。なお、検察庁によっては担当部がおおむね次のように分かれているので注意しましょう。

・被疑者が外国人や暴力団構成員、又は被疑事実が薬物や銃器関連……公安部

・交通事故……交通部

・上記以外……刑事部

もっと知りたい

●捜査段階の事件番号について

　⇒捜査段階では、事件番号が必要になることはあまりありません。勾留決定
　に対する準抗告や接見等禁止一部解除申請書には、被疑者名・被疑罪名・勾
　留決定日を記載して事件を特定することが多いです。

●被告人になった場合について

　⇒起訴された場合は、裁判所の係属部および検察庁の公判担当検察官のそれ
　ぞれと連絡をとるようになります。それぞれの電話番号・FAX番号は、係属
　部や検察庁公判担当(部制庁の場合は公判部)の事件係に問い合わせましょう。

Q22 逮捕後、勾留請求前に、検察官に意見書を提出して面談するには、どうすればよいでしょうか。

A22

被疑者の勾留を阻止するための意見書は、検察官が勾留請求を決定する前に提出する必要があります。提出はFAXで行えます（→**解説❶**）。面談は、担当検察官に申し入れをしましょう。また、意見書にも面談を希望する旨を記載しておくとよいでしょう（→**解説❷**）。

解説❶ 勾留を阻止するための意見書の提出は、勾留請求の前に行う必要があります。検察官が勾留請求を決定した後になって意見書を提出しても、意味がありません。検察官は早ければ送検当日の検事調べの直後に勾留請求を決定してしまいますので、意見書はできる限り早めに提出しておくとよいでしょう。

　また、意見書は、担当検察官が決まる前でも、検察庁事件係に提出することができます。

　検察官への意見書については、弁護人選任届とは異なり、基本的に原本の提出は求められず、FAXで送付できます。

解説❷ 送致後担当検察官が決まった後は、その検察官に連絡を取り、面談を申し入れましょう。必要がある場合は、検事調べの前に面会することも検討しましょう。弁護人から申入れがあれば、短時間でも会ってくれる検察官が多いと思われます（どこまで踏み込んだ話ができるかは別です）。

　なお、意見書にも、担当検察官との面談を希望する旨をあらかじめ記載しておくとよいでしょう。

● 勾留請求当日に勾留質問までされるのですか。

　⇒東京(本庁)や大阪など大規模庁では、勾留請求の翌日に勾留質問が行われています。これら以外の地域(千葉、横浜、立川など)では、勾留請求当日に勾留質問まで行われるのが通常ですので、注意しましょう。

● 検察官送致の当日、検察官と面談する前後に、被疑者と接見できますか。

　⇒Q 12「検察庁や裁判所でも接見できるのでしょうか」へ。

休日・夜間の意見書などの提出

Q23 休日・夜間に勾留請求に対する意見書や準抗告申立書を提出して、裁判官に面談を申し込みたいのですが、どうすればよいでしょうか。

A23 申込みをするためには、事前に休日・夜間の令状受付の電話番号とFAX番号を確認しておきましょう(→**解説1**)。勾留請求に対する意見書の提出は勾留質問の時間に間に合うようにしましょう(→**解説2**)。私選の場合は事前に弁護人選任届を検察庁に提出しておくか、意見書等と同時に裁判所に提出する必要があります(→**解説3**)。

解説1 休日・夜間に意見書や準抗告申立書を提出する窓口は、裁判所の休日・夜間の令状受付です(大阪地裁では、本館地下1階の夜間受付が一括して受け付けています)。この令状受付は、しばしば平日の令状部とは電話番号が異なります。そのため、事前に令状受付の電話番号を把握しておきましょう。

　なお、休日に書面を持参して直接裁判所へ行くことは、もちろん可能です。この場合は電話番号やFAX番号の問題は生じません。ただし、勾留請求に対する意見書を提出する場合は、勾留質問の開始時間に間に合うように注意しましょう(→**解説2**)。

解説2 地域によって違いはありますが、例えば東京地裁では、平日も休日も、勾留質問は概ね11時頃を目途に始まります(その日の事件の多さによっては、開始が遅くなることもあります)。勾留質問に入ると裁判官は勾留質問室に籠りきりになってしまうので、その後に提出された書面は読んでもらえません。そこで、書面の提出(FAXも含む)と裁判官面談は、勾留質問の開始までの間に行いましょう。具体的に何時から勾留質問が始まるかは日によって異なるので、事

前に令状受付に問い合わせるとよいでしょう。

　意見書の原本の提出が勾留質問までに間に合いそうにないときは、とりあえず意見書をＦＡＸして裁判官に目を通してもらい、原本は当日中に提出するという方法を検討してみてください。

解説3 私選の場合、あなたが正式に選任された弁護人であることの確認が求められます。弁護人選任届を前日までに検察庁に提出してあれば、記録に綴られているので問題ありません。

　他方、前夜に受任したなど検察庁に提出していない場合には、意見書や準抗告申立書の書面と同時に弁護人選任届を裁判所に提出する方法があります（意見書を裁判所にＦＡＸする場合など、弁護人選任届の原本を提出できない場合には、弁護人選任届のコピーを提出することも検討するとよいでしょう）。

もっと知りたい

● そもそも、意見書を提出して裁判官との面談を申し込むには、どうすればいいのですか。
　⇒『刑事弁護ビギナーズver2.1』61頁を参照

勾留場所の警察署から拘置所への変更

Q24 勾留場所を警察署から拘置所に変更することはできますか。

A24 勾留決定のうち、勾留場所に関する部分に対して準抗告を申し立てることができます(→**解説1**)。また、勾留場所変更の職権発動を促す申立てをすることができます(→**解説2**)。

解説1 裁判官が行った勾留決定のうち、勾留場所に関する部分についてのみ準抗告を申し立てることができます。この準抗告は、勾留の理由や必要についての準抗告が既に棄却されている場合であっても、適法に申し立てることができます。

　勾留場所の変更を必要とする場面は大きく2つあります。1つは、警察署における連日の取調べを阻止する場面です。もう1つは、警察署内での処遇が苦痛であるなどとして依頼者から要望がなされたような場面です(このほかに、代用刑事施設を認めるべきでないという問題もありますが、本書では踏み込みません)。

解説2 勾留に関する処分を行う裁判官は、勾留場所を変更する旨の移送命令を発すること(職権発動)ができます(最決平成7年4月12日刑集49巻4号609頁、LEX/DB24006433)。弁護人は、この移送命令を発するよう申し出ることができます(その行為の法的性質は、職権発動を促すものと位置付けられます)。

　もっとも、あくまでも裁判官の職権発動を促す申立てですので、職権発動がされない場合には不服申立てをすることはできません。

「鳩弁」が接見してきた場合の対処法

　特殊詐欺や薬物事犯その他の組織的な背景のある事件では、1人の弁護士が複数の共犯者に対して、真に弁護人となる意思がないのに、「弁護人となろうとする者」として接見し、供述方針等を指示するなどするものの、結局弁護人とはならないことがあります（いわゆる「鳩弁」と呼ばれています）。

　鳩弁の類は、たとえば、依頼者に対して、正式な弁護人であるあなたの弁護方針と異なる供述態度・供述内容を指示してくる可能性があります。そのため、鳩弁による接見は有害にこそなれ、有益になる見込みはありません。

　そこで、鳩弁（と思われる弁護士）による接見が行われた場合の対処方法としては、経験上、①自分以外の弁護士との接見は拒否するよう依頼者に伝えておく、②その鳩弁の氏名がわかる場合は、「真に弁護人となる意思がない限り、接見に来ないようにされたい」旨をその鳩弁に警告することなどが効果的です。

Q25 被疑者国選が終了したら、終了の報告書はどこに何を提出するのでしょうか。その際に併せて提出するものはありますか。

A25 法テラスに被疑者国選弁護報告書を提出します。所属弁護士会によっては会への報告が義務付けられている場合もあります（→**解説1**）。被疑者国選終了の場合、法テラスに接見資料も提出することになります（→**解説2**）。

解説1 被疑者国選が終了した場合、法テラスに国選弁護報告書を必ず提出します。報告書は事件終了日から14営業日以内に法テラスに提出しなければなりません。事件終了日とは、釈放された日や起訴日、解任日等をいいます。この期間内に報告書を提出しなかった場合には基本的に報酬が支払われませんので注意しましょう。なお、提出はFAXで行っても構いません。

　所属弁護士会によっては、法テラスに提出した報告書および当該弁護士会独自の報告書の提出を義務付けている場合もあります。弁護士会への報告がない場合には国選弁護人の推薦停止などのペナルティが科されることもあります。

解説2 被疑者国選の報酬は、主に接見の回数により算定されます。そして、接見を行ったことの疎明資料として、接見資料の提出が求められます。

　接見資料は、警察署で接見をする際に記入する申込用紙の下に敷いて使用する複写紙のことです。接見資料は警察署に備え付けられていますので、接見の際にはこの接見資料をもらうことを忘れないようにしましょう。

　検察庁や裁判所で接見する場合には、接見資料は交付されませんが、法テラスや弁護士会への報告書には接見として記載することができます（Q12も参照）。

コロナと刑事弁護

　新型コロナウイルスの影響で、法廷でも基本的にマスクの着用が求められることが一般的になりました。

　ただ、法廷内で発言等を行う機会は様々にあります（典型的な動きについては、Q38を参照してください）が、その中には、マスクで顔を覆っていたのでは効果的にメッセージが伝わらない可能性のあるものもあります（被告人にあっては罪状認否、被告人質問や最終意見陳述。弁護人にあっては冒頭陳述や弁論など）。

　その場合、マスクではなく、いわゆるマウスガード（マウスシールド）を着用すると、裁判官・裁判員にも表情が見え、非言語情報も伝えられるようになります。

　そこで、弁護人が冒頭陳述や弁論をするときには、裁判官・裁判員との間の距離を適切に保ちつつ、マスクではなくマウスガード（マウスシールド）を着用することも行われているようです（証言台の前で弁論等を行うとき、裁判員との間をアクリル板で仕切るという工夫を加えることもあるようです）。なお、そのような工夫をしている弁護士も、弁護人席に座っている間は、マスクを着用しています。

　また、被告人が裁判員裁判において被告人質問等を行うときには、申し出れば、いわゆるフェイスシールドを裁判所から提供するという対応を行う部もあるようです（もっとも2022年6月時点では、フェイスシールド等の代替措置は滅多に利用されなくなってるようです。後記半田論文参照）。

　法廷におけるマスク着用問題については、髙橋宗吾「法廷でのマスク着用問題」『二弁フロンティア』2020年12月号42頁と半田靖史「コロナ禍における刑事裁判実務」（判例時報2514号138頁）が参考になります。ご参照ください。

国選弁護人の辞任・解任

Q26 国選弁護人をやめることはできないのでしょうか。

A26 国選弁護人は、裁判所が解任しない限り、その地位を失わないとされています（→**解説1**）。国選弁護人の解任を裁判所に申し立てるいくつかの場合について、簡単に説明します（→**解説2**）。

解説1 判例によると、国選弁護人が辞任の申出をした場合であっても、裁判所が辞任の申出について正当な理由があると認めて解任しない限り、弁護人の地位を失うものではないとされています（最判昭和54年7月24日刑集33巻5号416頁、LEX/DB27761108）。したがって、私選の場合と異なり、辞任の申出をしたからといって、直ちに国選弁護人の地位から外れるわけではありません。

　そこで、あなたが国選弁護人をやめたい理由自体を解決できないかをまず検討しましょう。もしその理由自体の解決が困難な場合は、裁判所に解任を申し出ることを検討しましょう。それでも解任されない場合は、国選弁護人の複数選任を申し出ることも一考に値します（国選弁護人の複数選任については、Q27を参照してください）。

解説2 辞任したい理由ごとに説明します。

○　依頼者との信頼関係が構築できないことが理由の場合は、Q27を参照してください。

　　依頼者との信頼関係が構築できないという事態を越えて、依頼者から脅迫を受けるような事態が生じた場合は、すぐに先輩弁護士または所属弁護士会の刑事弁護委員会などに相談すべきです。

　　その上で、この場合は「弁護人に対する暴行、脅迫その他の被告人の責めに帰すべき事由により弁護人にその職務を継続させることが相当でないと

き」(刑訴法38条の3第1項5号、被疑者段階は同条4項で準用。以下同じ)に該当しますので、解任を求める申出書を提出することになります。被疑者段階において解任に関する処分を行う裁判官については、刑訴規則29条の2が規定しています。

○　被害者が所属事務所の顧問先であるなど、利益相反が理由の場合は、「被告人と弁護人との利益が相反する状況にあり弁護人にその職務を継続させることが相当でないとき」(刑訴法38条の3第1項2号)に該当しますので、解任を求める申出書を上記と同様に提出することになります。

○　国選弁護人自身が体調を崩したり、他職への転身で刑事事件を継続できなくなったりするなど、国選弁護人としての職務を継続できない場合は、「心身の故障その他の事由により、弁護人が職務を行うことができず、又は職務を行うことが困難となつたとき」(刑訴法38条の3第1項3号)に該当するとして、上記と同様に解任を求める申出書を提出します。

　身近に刑事事件について相談できる弁護士がいない場合には、所属弁護士会の刑事弁護委員会に相談してみてください。絶対に一人で悩まないようにしましょう。

被疑者・被告人との信頼関係構築の不安

Q27 国選弁護事件の被疑者・被告人との信頼関係が構築できそうにないのですが、どうしたらよいでしょうか。

A27 まずは先輩弁護士や所属弁護士会の刑事弁護委員会に相談しましょう。そのうえで、国選弁護の場合には複数選任の方途を検討しましょう（→ 解説 ）。

解説 被疑者・被告人との信頼関係を構築できない場面は、大きく分けて2つ考えられます。

1つ目は、被疑者・被告人が弁護人を信頼してくれないことです。弁護人が若手の場合には陥りやすい状況です。このような場合は、被疑者・被告人との間でトラブルが発生する可能性がありますので、すぐに先輩弁護士や刑事弁護委員会などに相談しましょう。

前述のように（Q26）、国選弁護人は裁判所が解任しない限りその地位から外れることはできず、実務上、被疑者・被告人との信頼関係を構築できないことを理由とする解任は基本的には認められていません。

そこで、この場合、2人目の国選弁護人を選任してもらい、信頼関係構築の援助を求める方法があります。この方法は、比較的よく見られます。

その手順は、たとえば以下のとおりです。

まず2人目の国選弁護人に就任してほしい弁護士に依頼し、就任の内諾を取ります。その上で、裁判所（被疑者段階は裁判官）に複数選任を求める申出書を提出します。

申出書には、複数選任が必要な理由を説得的に書く必要がありますが、一方で、被疑者・被告人について裁判官に予断を生じさせるような記載をすることは、弁護戦略上も望ましくないので、避ける必要があります。裁判所は、複数選任を求める申出書が提出された場合には弁護人に対して面談を求めることが

多いです。面談の場では、複数選任が必要な理由の実情に加え、2人目の弁護人との関係性などを問われることもあるようです。

面談の場においても、口が滑って被疑者・被告人を誹謗中傷することがないよう、くれぐれも注意してください。

被疑者・被告人と信頼関係を構築できない場面の2つ目は、被疑者・被告人の言い分を弁護人が受け入れられない場合です。その場合は、被疑者・被告人に対して、その主張は裁判官にも受け入れられない可能性が高いという見込みを十二分に説明する必要があります。議論を尽くしてもなお、被疑者・被告人が主張を変えないのであれば、弁護人は、被疑者・被告人の意向に沿った弁護方針を構築する必要がありますので、弁護人としては、真実義務など弁護人の他の各種義務にも配慮しながら、被疑者・被告人の主張に沿った弁護活動を行うことになります。

保釈請求当日の釈放

Q28 保釈請求の当日に釈放させるためには、どのようなことに注意すべきでしょうか。

A28 保釈請求後の手続の流れを頭に入れておく必要があります（→解説❶）。第1回公判前に保釈請求する場合、午前中のうちに保釈請求をしましょう（→解説❷）。公判直後に当日保釈を狙っている場合は、当該公判期日を12時までに終わらせるとよいでしょう（→解説❸）。土日祝日にも保釈請求は可能ですが、身体拘束の解放は休み明けにならざるを得ませんので、注意しましょう（→解説❹）。

解説❶ 保釈請求後は、検察官への意見聴取（求意見）⇒裁判官との面談⇒保釈許可決定⇒保釈金納付⇒身体拘束の解放という流れで進みますので、この請求から釈放までの各段階のスケジュール感を頭に入れておきます。

　保釈請求をした場合、まず① 裁判所から検察官への意見聴取が行われます（刑訴法92条1項）。その後、② 希望すれば弁護人と裁判官との対面又は電話による面談が行われます（その際に保釈保証金の額が話題となることがありますので、用意できる金額を事前に被告人と打合せしておきましょう）。その上で③ 保釈許可または却下の決定が出されます。保釈許可決定が出ても直ちに保釈されるわけではなく、④ 保釈保証金を納付して初めて釈放となります。

　また、④ で保釈金を現金で持参して納付する場合、裁判所の出納課は原則として平日の17時までしか受け付けてくれませんので注意が必要です（なお、事前に担当書記官に連絡しておくことにより、常識の範囲内で臨機応変な対応をしてくれることもあるようです）。

　なお、保釈許可決定に対して検察官が（準）抗告および執行停止申立てをしてきた場合、（準）抗告棄却の判断がされるまでは、釈放されないことになるの

で、注意しましょう。

解説2 第1回公判期日前に保釈請求をする場合

　起訴後、第1回公判期日前に保釈請求をする場合、請求が午後になると、当日中に上記①から④までの各段階を踏むことはかなり困難です。保釈請求はできるだけ早く行いましょう。

　また、①の検察官の意見聴取に時間がかかることを見越して、保釈請求と同時に保釈請求書を検察官にFAXで送付しておくと、①にかかる時間が短縮できる可能性が高まります。

解説3 第1回公判期日後に当日釈放を目指す場合

　第1回公判期日などの特定の期日の直後に保釈請求をして当日の釈放を目指す場合、当該期日が午後に行われると、その終了後に上記①から④までの各段階を踏むことはかなり困難です。当日の釈放を目指すならば、午前中（遅くとも12時）までの間には当該期日を終わっている必要があります。期日の調整もこの点を念頭に行っておくとよいでしょう。

　この場合も、検察官に保釈請求書を当該期日の終了直後に手渡すかFAXするなど事実上交付しておくとよいでしょう。

解説4 土日祝日に保釈請求をする場合

　土日祝日であっても、裁判所の休日・夜間受付に保釈請求書を持参すれば、保釈請求を受け付けてもらえます。ただし、担当検察官または当直の検察官の状況次第では、①の意見聴取に時間がかかることがあります。さらに、裁判所の出納課が閉まっているため、④の保証金の納付ができません。そのため、仮に土日祝日の間に保釈許可決定まで出たとしても、保証金の納付は休み明けになりますので、土日祝日の間の身体拘束の解放は厳しいのが現実です。

Q29 保釈保証金納付の前にやっておくべきことは何ですか。

A29 まずは、保釈保証金の準備です（→**解説1**）。保釈保証金の納付は裁判所の出納課の閉まる17時までに納付手続をする必要があります（→**解説2**）。身体拘束の解放後、制限住居までの移動の段取りについて、あらかじめ被告人や関係者と打ち合わせておきましょう（→**解説3**）。

解説1 保釈請求の前に保釈保証金の手配をしておく必要があります。また、保釈保証金を現金で納付するのか、電子納付にするのかを決めておきましょう。

現金での納付の場合、現実に手元に保釈保証金を準備しなければなりません。ここでよく問題になるのが銀行など金融機関ATMの1日の利用限度額です。ATMを利用する場合には、あらかじめATMの1日の利用限度額をできる限り高く設定しておく必要があります。

保釈保証金の額がATMの最大の利用限度額を超える場合には、銀行の窓口で引き出す必要があります。この場合には、銀行の窓口の閉まる時間に注意しなければなりません（おおむね15時に閉まることが多いです）。

解説2 保釈許可決定が出ても、保釈保証金を納付するまでは釈放されません（もし検察官が(準)抗告および執行停止申立てをしてきた場合は、それが棄却されることも必要になります。Q28の**解説1**も参照）。保釈保証金を持参して納付する場合、裁判所の出納課は17時には閉まってしまいます。それまでに納付の手続をする必要がありますので、注意してください（Q28**解説1**を参照。また電子納付の場合についてQ30を参照）。

解説3 釈放後、勾留場所から制限住居までの移動の段取りを決めておくことを忘れないようにしてください。

釈放後、被告人は制限住居まで行かなければなりません。被告人によっては制限住居までの交通費相当額の現金を持っていないこともあります。被告人が自力で帰る場合の交通費について確認する必要があります。

関係者が迎えに行く場合、被告人の携帯電話が押収されているなどの事情から関係者と電話連絡ができないことがあります。また、現実に釈放される時間の見通しも立たないことが通常です。そのため、関係者と被告人には、どこで待ち合わせればよいかを伝えておく必要があります。

弁護人が制限住居まで送る場合には、釈放後の待ち合わせ場所（大抵は拘置所や警察署の出入口になるでしょう）を被告人と決めておく必要があります。

もっと知りたい

- 保釈請求当日に釈放させるための留意点について⇒Q28参照。
- 保釈保証金の電子納付の方法について⇒Q30参照。

保釈保証金の電子納付

Q30 保釈保証金を電子納付する方法を教えてください。

A30
事前に電子納付利用の登録手続をしておく必要があります（→**解説1**）。保釈請求書に、①電子納付利用を希望する旨と②登録コードを記載します（→**解説2**）。保釈保証金の電子納付利用には注意点もあります（→**解説3**）。

解説1 保釈保証金の電子納付を利用する場合は、事前に裁判所の出納課において、電子納付利用登録を行い、電子納付利用登録票を交付してもらう必要があります。この登録をしておかないと、保釈請求時に電子納付を希望しても電子納付は受け付けてもらえません。ただし、訴訟提起時の郵券代や破産手続開始申立時の官報公告費用等の保管金納付で利用する電子納付利用登録と共通ですので、民事事件で既に利用されている方は、あらためて登録する必要はありません。

　電子納付利用登録票には、「登録コード」と「パスワード」が記載してありますので、保釈請求の際にはこの登録コードを使用することになります。

解説2 その上で、保釈請求書には、①電子納付を利用することを希望する旨と②前記の登録コード（パスワードは記載不要）を記載しておくとよいでしょう。保釈請求書にその記載をしなかった場合は、裁判所が「保管金提出書（兼還付請求書）」を作成する時までに、上記①②を裁判所に伝える必要があります。裁判所が作成した「保管金提出書（兼還付請求書）」は、保釈許可決定書謄本の交付の際に交付されます。

　電子納付利用を希望した場合、保釈許可決定の際に交付される「保管金提出書（兼還付請求書）」に、収納機関番号、納付番号、確認番号が記載されます。こ

れにより、Pay-easy（ペイジー）対応のATMやインターネットバンキング等を利用して保釈保証金を納付できます。

解説3 保釈保証金の納付を電子納付で行う場合、現金を準備する手間や裁判所の出納課まで現金を運ぶリスクがなくなる点は利点ですが、他方で、金融機関を経由した取引（Pay-easy ペイジー）になるので、裁判所の対応は、入金を裁判所が確認してからになります。裁判所による入金確認は午後5時までですが、午後5時ギリギリに取引を行った場合、当日中に入金を確認できない可能性があります。この点は、電子納付を利用する場合には注意してください。

　また、電子納付は、納付が簡単で早いため、保釈許可決定後、直ちに納付が可能になります。そのため、当初は予想していなかった保釈条件が付された場合（接触禁止の対象者が予想よりも増えたなど）、そのことを被告人に伝える余裕は、現金納付の場合よりもさらにありません。保釈請求時に予想できなかった保釈条件が付された場合には、その説明をどのように行うかを十分吟味してから納付の手続を行った方がよいでしょう。

被告人の拘置所移送の時期

Q31 起訴後、被告人が拘置所に移送されるのはいつですか。また、移送を見越して注意しておくべきことはありますか。

A31 移送の時期については、いつまでといった定まった運用はありません（→**解説1**）。拘置所に移送された場合、接見の時間帯や物の授受にさまざまな変化が生じるので、注意しましょう（→**解説2**）。

解説1 警察の留置施設から拘置施設への移送の時期については、「起訴後○日以内」といった定まった運用はないようです。もともと警察の留置施設は拘置所などの刑事施設に「代えて」勾留場所とすることができる施設です（刑事収容施設法15条1項）。代用刑事施設（代用監獄）に関する議論はここでは措きますが、実際の運用では、弁護人が特に移送を求めなければ、移送される時期は、拘置所の収容人数等により判断されていると思われます。

　そのため、起訴後間もなく移送されることもあれば、第1回公判期日以降も警察の留置施設に留め置かれることもあります。

解説2 移送される前（警察の留置施設に勾留されている間）は、弁護人の接見や差入れは、平日・夜間・休日を問わず、24時間行えます。これに対して、警察の留置施設から拘置所に移送されると、接見については、警察署と異なり、原則として平日の日中にしか接見できなくなります（詳細はQ11およびQ32参照）。また、書類や物の授受も、警察の留置施設のように当日中に行うことは難しくなり、2～3日かかるようになるのが通常です。

　起訴されて被告人になった場合、移送の時期を予想しつつ、急を要する書類・物の授受や打合せなどは、被告人が警察の留置施設にいる段階で行っておいた方がよいでしょう。

なお、移送後、一部の拘置所では、電話での面会(「電話による外部交通」)が可能になります(Q17参照)。

もっと知りたい

- ●拘置所での夜間・休日の接見について⇒Q11
- ●宅下げや差入れのやり方について⇒Q14
- ●電話による外部交通について⇒Q17
- ●拘置所での接見・差入れについて⇒Q32

Q32 拘置所で接見や差入れができる時間を教えてください。

A32 以下の内容については、各拘置所により多少の前後があります。

平日の接見の受付時間は、おおむね①午前8時30分から午前11時30分までと、②午後0時30分から午後4時までです（→**解説1**）。夜間と休日の接見については、平日の場合は午後5時から午後8時まで、休日は土曜日の午前8時30分から午前12時までです（→**解説2**）。差入れについては、概ね①午前8時30分から午前12時までと②午後1時から午後3時30分までが受付時間になります（→**解説3**）。

解説1 各拘置所によって多少の前後はありますが、平日の接見の受付時間は、概ね① 午前8時30分から午前11時30分までと、② 午後0時30分から午後4時までとされている拘置所が多いようです。

接見の実施時間は、① 午前9時から午前12時までと② 午後1時から午後5時までとなります。午前12時から午後1時の間は接見できないことになるので、注意してください。

なお、東京拘置所の場合、午前の接見終了時に、引き続き午後にも接見する旨を伝え、使用した受付票を持っておけば、改めて午後の受付手続をすることなく、午後も接見できます。この点については、拘置所ごとに多少運用が異なる可能性がありますので、拘置所の運用を確認してください。

各拘置所の面会受付時間はこちらのサイトをご確認ください。

http://www.moj.go.jp/kyousei1/kyousei_kyouse37-1.html または、「法務省施設所在地及び面会受付時間一覧」で検索してください。

解説2 平日の夜間及び休日については、法務省と日弁連との間の申合せがあります（「夜間及び休日の未決拘禁者と弁護人等との面会等に関する申し合わせ」）。この申合せに従い、平日の夜間（午後5時以降）の接見と土曜日の午前中の接見が可能になっています（Q11でも紹介しましたが、重複をいとわず、以下でも再掲します）。

●平日の夜間接見の場合

　平日の夜間は、午後5時から午後8時までであれば接見することが可能です。注意しなければならないのは、夜間接見は、事前の予約が必要になる上、以下の①または②の場合に限られることです。

　①　当該面会希望日から起算して5日以内に公判期日（公判前整理手続期日及び期日間整理手続期日を含む。）が指定されている場合

　②　上訴期限又は控訴趣意書等の提出期限が当該面会希望日から起算して5日以内に迫っている場合

なお、この「5日以内」には、土日祝日が含まれません。そのため、例えば公判日が某年8月8日の水曜日である場合、8月4日と5日の土日は計算に入らないので、8月2日の木曜日から接見が可能になります。

　もう一つ注意しなければならないのは、夜間の接見の事前予約は、以下のアまたはイの場合、予約の申し込みを受け付けてくれる時間に制限があることです。

　ア　当該面会希望日当日に面会の必要が生じた場合（イに掲げる場合を除く）には、当日午後3時30分までに予約する必要があります。

　イ　当該面会希望日に公判期日が開かれており、翌日にも公判期日が予定されている場合には、当該面会希望日の執務時間中に予約する必要があります。

●土曜日の休日接見について

　夜間接見と同様に、事前に予約をすれば、土曜日の午前8時30分から午前12時までの接見が可能です。

　土曜日の午前中の接見ができるのは、以下の①または②の場合に限られます。

① 当該面会日から起算して、2週間以内に公判期日が指定されている場合
② 上訴期限又は控訴趣意書等の提出期限が当該面会日から起算して2週間以内に迫っている場合

なお、土曜日の休日接見の場合、「2週間以内」の期間には、土日祝日を含みます。

●例外的措置の取り決め

上記にかかわらず、以下のアからエまでのいずれかの事情が存する場合であって、平日の執務時間内に面会を実施することが困難なときには、夜間または休日（平日の執務時間と同一の時間）にも弁護人等との面会を実施するという例外的措置の取決めもありますので、覚えておくと便利です。

ア 弁護人等が遠隔地から来訪する場合
イ 通訳を要する事案において、通訳人が遠隔地から来訪する場合
ウ 未決拘禁者から、弁護人等に対し、別件の被疑事件について取り調べを受けたので至急面会したい旨の信書（電報及びファクシミリを含む。）が休日又はその直前に届いた場合
エ その他上記に準ずる緊急性及び必要性が認められる場合

解説3 差入れの受付時間は、① 午前8時30分から午前12時まで、② 午後1時から午後3時30分までになります（こちらも拘置所ごとに多少前後する可能性があります）。

郵送の場合を除き、これ以外の時間帯の差入れや休日の差入れはできません。

もっと知りたい

●拘置所での夜間と休日の接見について⇒Q11へ

欠勤する理由を会社にどう伝える？

　逮捕・勾留された被疑者の家族から、「会社に欠勤する理由をどう伝えればいいでしょうか」と質問されることは、しばしばあります。この場合、弁護人としてはどう対応すべきでしょうか。

　そもそも、被疑者が会社を欠勤する理由をどう伝えるかは、家族自身が判断して決めることです。弁護人から虚偽の情報を会社に伝えることや、会社に虚偽の情報を伝えるよう家族に勧めることは、避けるべきです。

　経験上は、家族が以下のような対応をとることが多いように感じます（以下の対応をお勧めする趣旨ではありません。他の対応をとっている家族や弁護士もいます）。

・家族から会社に対して、数日間は「体調不良」など何らかの理由を伝え、長期勾留が避けられなくなった段階で、身体拘束されている旨を打ち明ける。

・最初から、身体拘束されている旨を率直に伝える。

　弁護人から会社に連絡すべきかどうかについては、経験上、いきなり弁護人が会社に連絡すると大事になってしまうなどの理由から、基本的には会社への連絡は家族に任せる（会社から状況についての説明を求められたときに弁護人が説明する）という対応をとることが多いように感じます。

　なお、質問への直接の回答ではありませんが、逮捕・勾留されたことのみをもって解雇ないし退職の強要をすることは法律上はできないことを、本人や家族にアドバイスすることも検討するとよいでしょう。

開示記録差入れの留意点

Q33
検察官から事件記録が開示されました。開示記録を被告人に差し入れる必要はありますか。また、開示記録を被告人に差し入れる場合に注意すべき点を教えてください。

A33
基本的には、記録の差入れを検討しましょう（→**解説❶**）。被害者等の氏名・住所などの個人情報は、防御の上で特に必要がなければ、マスキングするように求められます（→**解説❷**）。開示された記録は、法律上目的外使用が禁止されています（→**解説❸**）。差し入れた記録の取扱いについては被告人に対して注意を喚起し、最終的には回収した方が無難です（→**解説❹**）。

解説❶ 条文上、証拠の同意・不同意を決める主体は「被告人」です（刑訴法326条）。したがって、弁護人としては、適宜の方法で被告人の意見を確認する必要があります。

　被告人の意見を確認する方法としては、開示された証拠や書面（以下「記録」または「事件記録」と総称します）を差し入れるのが簡便で確実な方法ですから、まずは記録の差入れを検討しましょう。

　もっとも、比較的軽微で公訴事実と重要な情状事実に争いのない事案や、通訳事件など被告人が自分で記録を検討することが期待できない事案では、差入れまではせず、接見の中で内容を説明し、被告人の意見を確認するという方法も考えられます。

解説❷ 被害者等の個人情報を保護する必要があることから、開示された事件記録には、検察庁において、立証上必要な部分を除きマスキング処理がなされています。そして、検察庁から弁護人に対しては、個人情報について、その取扱

いには十分配慮し、適宜弁護人の方でもマスキングなどの対応をした上で、被告人等に提示・交付するよう求められるのが通常です。

解説3 開示された証拠は、法律上目的外使用が禁止されており、禁止に違反した場合の罰則規定も存在します（刑訴法281条の4、同条の5。本Q末尾の条文を参照）。被告人に対しては、目的外使用禁止規定を十分教示し、目的外使用をしないように注意喚起してください。また、記録の取扱いに注意しなければ、関係者のプライバシー等の利益が侵害される危険性があることも説明し、厳重に保管するよう指示してください。これらの注意喚起は、書面で行っておくことが望ましいでしょう。

解説4 事件記録の事後的な回収を義務付けた規定はありません。もっとも、事件記録が適切に保管・廃棄されるとは限らないので、被告人が検討後の記録を不要とする場合には、判決前または判決直後に被告人から返却を受け、弁護人において廃棄することも検討するとよいでしょう。被告人に記録を差し入れる際、使用後には回収する旨を伝えておくと、回収しやすいでしょう（なお、経験上、差し入れた記録に被告人の意見などを書き込んでもらい、参考にするために宅下げをしてもらっていた場合などは、記録の回収・廃棄はスムーズでした）。
　一方で、事件記録は被告人自身の裁判の資料ですので、被告人が保管を希望する場合には尊重すべきです。その場合には、解説3で述べたことに留意しましょう。

もっと知りたい

- 国選事件の場合、被告人への差入れのための複写代は誰が負担するのでしょうか。
  ⇒弁護人の負担となります。現在の法テラスの約款上は、法テラスから支給されることはありません。
- 外国人への差入れに際して翻訳した場合、その費用は法テラスから支給されますか。
  ⇒されますが、支給されるのは、A4判用紙1枚につき2,000円です。

刑訴法281条の4　被告人若しくは弁護人（第440条に規定する弁護人を含む。）又はこれらであつた者は、検察官において被告事件の審理の準備のた

めに閲覧又は謄写の機会を与えた証拠に係る複製等を、次に掲げる手続又はその準備に使用する目的以外の目的で、人に交付し、又は提示し、若しくは電気通信回線を通じて提供してはならない。

一　当該被告事件の審理その他の当該被告事件に係る裁判のための審理

二　当該被告事件に関する次に掲げる手続

イ　第１編第16章の規定による費用の補償の手続

ロ　第349条第１項の請求があつた場合の手続

ハ　第350条の請求があつた場合の手続

ニ　上訴権回復の請求の手続

ホ　再審の請求の手続

ヘ　非常上告の手続

ト　第500条第１項の申立ての手続

チ　第502条の申立ての手続

リ　刑事補償法の規定による補償の請求の手続

②　前項の規定に違反した場合の措置については、被告人の防御権を踏まえ、複製等の内容、行為の目的及び態様、関係人の名誉、その私生活又は業務の平穏を害されているかどうか、当該複製等に係る証拠が公判期日において取り調べられたものであるかどうか、その取調べの方法その他の事情を考慮するものとする。

刑訴法281条の5　被告人又は被告人であつた者が、検察官において被告事件の審理の準備のために閲覧又は謄写の機会を与えた証拠に係る複製等を、前条第１項各号に掲げる手続又はその準備に使用する目的以外の目的で、人に交付し、又は提示し、若しくは電気通信回線を通じて提供したときは、１年以下の懲役又は50万円以下の罰金に処する。

②　弁護人（第440条に規定する弁護人を含む。以下この項において同じ。）又は弁護人であつた者が、検察官において被告事件の審理の準備のために閲覧又は謄写の機会を与えた証拠に係る複製等を、対価として財産上の利益その他の利益を得る目的で、人に交付し、又は提示し、若しくは電気通信回線を通じて提供したときも、前項と同様とする。

法廷で被告人から突発的な要望を受けたとき

　事前に被告人と十分な打ち合わせを行っていた場合であっても、一審・控訴審を問わず、開廷前または公判中に、法廷で被告人から突発的な要望を受けることがときにあります。

　以下では、そのような場合に検討すべき事項と、1つの対応の例を示します（一例であり、他の対応もあり得ることに留意してください）。

【検討すべき事項】

○　一審にあっては、要望を受けた事項が被告事件に関する陳述や被告人質問、最終陳述（最終弁論）等に関わるものであるときは、準備していた構成・内容に変更を加えることの要否や可否を検討する必要があります。時には証人尋問に関わる要望であることもありますが、その要望がケースセオリーにとって有効か否か、冷静に判断しましょう。

○　控訴審にあっては、公判期日では、提出済みの控訴趣意書の内容を補充することはできても、控訴趣意書差出最終日までに主張していなかった控訴理由を新たに追加することはできません。そのため、被告人の要望が提出済みの控訴趣意書の補充に関わるものであるときは、控訴趣意書に基づく弁論（刑訴法389条）において反映できるかを検討することになります。これに対し、被告人の要望が控訴趣意書の補充ではなく新たな控訴理由の追加であるときは、控訴趣意書に基づく弁論としては述べることはできず、裁判所による職権調査（刑訴法392条2項）を促す趣旨で主張することを検討することになります。

　一方、事実取調べ請求は、（当該証拠を控訴趣意書に引用することを目指すべきであることはもちろんですが、）控訴趣意書差出最終日より後にも請求することができ、公判期日においても請求することができます（ただし、その証拠を一審の弁論終結前に請求できなかったやむを得ない事由の疎明が必要であり〔刑訴法382条の2第3項〕、その疎明ができないときは、裁判所に職権による取調べ〔刑訴法393条1項〕を促すことができるにとどまります）。そのため、要望が被告人質問など事実取調べ請求に関わるものであるときは、事実取調べ請求の要否を検討するほか、やむを得ない事由の疎明が可能か否か、疎明ができないときは職権取調べを促すか否かを検討することになります。

【開廷前に要望を受けた場合】

　一審・控訴審を通じて、もし開廷時刻までに検討が終わりそうにないときは、書記官または裁判長（裁判官）に、開廷時刻を若干遅らせるよう申し入れることも一考してみてください（場合によっては公判期日の延期〔刑訴法276条、404条〕を請求することもあり得ますが、変更を必要とするやむを得ない事由の疎明が必要です〔刑訴規則179条の4第1項・2項〕）。

【公判中に要望を受けた場合】

　公判中に要望を受けた場合には、もし公判審理と並行しながらでは十分な検討ができないときは、然るべきタイミングで休廷を申し入れざるを得ません。審理を中断させることの不安よりも、審理が進んでしまって取返しのつかない事態となってしまうことの方が問題です。裁判所も、被告人の防御権に関わることが伝われば、経験上、可能な範囲で休廷に応じてくれることが多いと思われます。

証拠意見の通知

Q34 証拠意見は公判検事や裁判所に事前に伝えておく必要はありますか。

A34 検察官には、証拠開示を受けた後なるべく速やかに、証拠意見の見込みを伝える必要があります（→**解説1**）。裁判所には、おおむね公判期日の1週間前を目途に、その時点での証拠意見の見込みも含め、第1回公判期日の進行に関する弁護人の意見を伝えておくとよいでしょう（→**解説2**）。

解説1 刑事訴訟規則上、弁護人は、検察官から閲覧の機会を提供された証拠について、なるべく速やかに、証拠調べ請求に関し異議があるか否か、また証拠書類にあっては刑訴法326条の同意をするか否かに関する見込みを検察官に通知しなければなりません（刑訴規則178条の6第2項2号）。

現実問題としても、検察官は、証拠書類について全部不同意とされる場合は、代替立証を検討し、一部不同意とされる場合には、代替立証をするか否か、または不同意部分のマスキングの実施で対応するかを検討する必要があります。その点でも、弁護人は検察官請求証拠を閲覧した後、十分な検討の上、なるべく速やかに証拠意見の見込みを検察官に伝えましょう。

検察官から開示される証拠には、通常証拠の右上または右下に数字の記載がありますが、これが甲号証や乙号証の番号です。

解説2 証拠意見の見込みを裁判所に対して伝える義務はありません。ただし、刑事訴訟規則上、裁判所は裁判所書記官に命じて、検察官または弁護人に訴訟の準備の進行に関し問合せの処置をとらせることができます（刑訴規則178条の9）。証拠意見は公判の進行にも大きな影響を与えますから、裁判所から訴訟の準備の進行に関して証拠意見の見込みについて問い合わせを受けた場合には、

これに応じることが望ましいでしょう。

　裁判所からの問合せの時期については、明確な決まりはありませんが、おおむね公判期日の1週間前を目途に、書記官から証拠意見の問合せの連絡が来ることが多いようです。その際、書記官としては「第1回公判期日での結審が可能か、それとも公判期日が続行となるか」という点に大きな関心をもっています。証拠意見を伝える際には、そのことを意識しておくと会話がスムーズに進むでしょう。

弁護側証拠の請求時期・方法

Q35 弁護側証拠の請求はどのように行えばよいでしょうか。採用された場合は法廷で何をすればいいのでしょうか。

A35 証拠調請求書が必要ですが、証拠等関係カードの書式による必要はありません（→**解説１**）。証拠調請求書には、立証趣旨を明示しましょう（→**解説２**）。裁判所には第１回公判期日まで請求できませんが、検察官には事前に証拠を開示しておく必要があります（→**解説３**）。代替立証も検討しつつ、不同意をおそれずに請求しましょう（→**解説４**）。採用された場合には、朗読または要旨の告知が必要です（→**解説５**）。

解説１ 証拠書類その他の書面の取調べを請求するときは、その標目を記載した書面を差し出さなければならないとされています（刑訴規則188条の2第2項）。また、証人、鑑定人、通訳人または翻訳人の尋問を請求するときは、その氏名および住居を記載した書面を差し出さなければならないとされています（同条1項）。このように、弁護側証拠の取調べを請求する場合、書面による必要があります。ただし、裁判所や検察官が用いているような証拠等関係カードの様式によることまでは求められていません。

解説２ 証拠調べの請求は、証拠と証明すべき事実との関係、すなわち立証趣旨を具体的に明示して行うことが求められます（刑訴規則189条1項）。立証趣旨は、その証拠が証明すべき事実の認定にどのように役立つのかを意識して記載するとよいでしょう。

　また、証人尋問の請求にあたっては、証人の尋問に要する見込みの時間の記載も求められます（刑訴規則188条の3第1項）。この時間は、主尋問と再主尋問との合計の見込み時間を記載するようにしましょう。また、証人に対して裁判所から呼出状を送る必要があるか否かについても記載します。たとえば、呼出

状による召喚が必要な場合には「呼出し」、不要な場合には「同行」または「呼出し不要」などと記載すればよいでしょう。

解説3 証拠調べ請求は、公判前整理手続においてする場合を除き、第一回の公判期日前はできないとされています（刑訴規則188条ただし書）。第一回公判期日以降は、期日前であっても証拠調べ請求をすることができるようになります（同条本文）。ただし、その際には書面が必要であることを忘れないようにしましょう。

弁護人において、検察官に閲覧の機会を与えるべき証拠書類または証拠物があるときは、なるべく速やかに開示しましょう（刑訴規則178条の6第2項3号）。検察官が証拠意見を検討する時間を確保すべきですから、原則として1週間前までに、証拠調べを請求する予定の証拠を検察官に開示すべきです（開示の方法は、FAXで問題なければ、FAX送信すれば足ります）。

解説4 「検察官が不同意にしてきたらどうしよう」など、弁号証が不同意にされた場合の対応について不安があるかもしれません。

しかし、たとえば被害弁償に関する報告書や、交通事故等における現場の写真・地図に関する報告書など、客観的事項に関する弁号証は同意されることが多いです。また、情状に関して、出所後の環境調整を担うNPO法人のパンフレット、被告人に対する破門状が同意された事案もあります。積極的に弁号証を請求してみましょう。

必要な証拠が不同意とされた場合には、代替立証を検討する必要があります。たとえば被害弁償経過に関する報告書が不同意になった場合には、弁護人自身を証人として請求する（採用された場合、まず裁判官が証人である弁護人に尋問し、次いで検察官が尋問することになります）ことが考えられますし、被告人質問で語ってもらうこともあり得ます。また、写真や地図などはそれ自体を物（非供述証拠）として請求することもあり得ます。検察官の不同意をおそれずに積極的に弁号証を請求しましょう。

解説5 弁号証が採用された場合、証拠を裁判官に提出する前に、弁号証の朗読または要旨の告知をする必要があります。裁判官が証拠を見ていない状態でも証拠の内容が理解できるように、簡にして要を得た要旨を用意しておきましょう。

Q36 公判には、「何の書面」を「何部」準備していけばよいのでしょうか。

A36

証拠意見書、証拠調べ請求書（証拠等関係カードを含む）や弁論要旨などの裁判所に提出する書面は、単独事件なら4部、合議事件なら6部を用意しましょう。裁判員裁判なら最低でも14部は必要になります（→**解説1**）。弁号証は、原本を取り調べて写しを提出する場合は、「原本＋写し2部（提出用・自分用）」を準備しましょう（→**解説2**）。

解説1 証拠意見書、証拠調べ請求書や弁論要旨など裁判所に提出する書面は、① 裁判官の数、② 記録に綴る用（書記官用）に1部、③ 検察官用に1部、④ 自分の控えとして1部を用意しましょう。具体的には、単独事件なら合計4部、合議事件なら合計6部です。

　なお、検察官が複数名いる場合に、検察官の全人数分も用意するか否かは、各弁護人の判断となります。共犯事件において共同被告人の弁護人の分を用意することも、必須ではありませんが、共同被告人の分も用意するのが通例です。

　裁判員裁判では、① 裁判員・裁判官用に11部（補充裁判員が2人の場合）、② 書記官用に1部、③ 検察官用に1部＋α部、④ 弁護人の人数分を用意しましょう。最低でも14部は必要になります。

解説2 弁号証は、検察官には既に送付して開示済みであるのが通常です。そこで、公判には、原本を取り調べる場合は、① 原本、裁判所提出用の写し1部、自分用の控え1部を用意しましょう。

　写しを取り調べる場合は、写しを裁判所用に1部＋自分用の1部を用意しましょう。

以上を表にまとめると、以下になります。

	単独事件	合議事件	裁判員事件
証拠意見書	4部*1	6部	14部以上
証拠調べ請求書			
弁論要旨			
弁号証 （原本を取り調べて 写しを提出する場合）	写し2部*2 ＋ 原本		
弁号証 （写しを取り調べて 写しを提出する場合）	写し2部*2		

＊1　部数は自分用の控えも含んだ数です。以下同じ。

＊2　写し2部＋n部（裁判官や裁判員の数）を用意することも考えられます。

被告人質問先行の方法

Q37 「被告人質問先行」でやりたいのですが、どうすればよいですか。

A37
被告人質問先行で審理されたい旨を裁判所に伝達すれば現在では比較的容易に実現できます(→**解説1**)。被告人質問が先行された場合、被告人供述調書(乙号証)の採否等について対応する必要があります(→**解説2 解説3**)。

解説1 被告人の供述調書の採否決定や取調べに先行して被告人質問を実施する公判進行のことを、「被告人質問先行」と呼ぶことがあります。裁判所によって違いはありますが、弁護人が特に求めない限り、通常は被告人の供述調書が採用され、取り調べられた後に被告人質問が実施されることがしばしばあります。しかしながら、直接主義および口頭主義に基づき、被告人の供述調書の取調べを行う前に被告人質問を実施するよう弁護人が求めれば、裁判所は比較的意を酌んでくれます。

被告人質問先行を希望する旨を裁判所に伝える機会は大きく2つあります。1つは、第1回公判期日の前に裁判所に進行に関する連絡として証拠意見等を伝える際に、被告人質問先行を希望する旨担当書記官に伝えることができます。もう1つは、公判期日において乙号証に対する証拠意見を述べる際に、たとえば「証拠意見を留保する。被告人質問を先行されたい」「不同意。審理および判決に必要な事実は被告人質問で供述するため、必要性なし」などと述べれば被告人質問先行を希望していることが明らかになります。

解説2 否認事件では、そもそも供述調書を作成させないような努力が捜査段階の弁護活動として求められます。

仮に供述調書が作成されてしまったケースでも、被告人質問実施後、多くの場合は検察官は不同意とされた供述調書の証拠調べ請求を撤回します。もっと

も否認事件などでは、刑訴法322条または328条で請求してくることがままありますので、証拠意見を直ちに述べることができるように、322条該当書面といえるのか、いえるとして任意性があるのか、などを被告人質問実施日までに検討しておく必要があります。

なお、証拠意見の段階で被告人質問先行を求める趣旨で乙号証（被告人の供述調書）について「同意。ただし必要な事実は被告人質問で述べるので、必要性なし」と述べていた場合には、任意性などを争うことは困難になりますので、証拠意見を述べる際には気を付けましょう。

解説3 情状が主に問題となる事件においても、反省を示して起訴猶予処分を獲得したい場合や、公判請求が避けられず、早期の保釈を獲得したい場合等、明確な目標がある場合を除き、多くの場合は、供述調書を作成させない努力が必要です。

供述調書が作成されている場合は、被告人質問実施後、検察官は不同意とされた供述調書の証拠調べ請求を維持するか撤回します。現在の運用では事実関係に大きな争いのない事件であれば撤回することが多いようです。

事件によっては被告人質問実施後も検察官が被告人の供述調書の証拠請求を維持することがあります。この場合の対応については各弁護人ごとに見解が分かれるところですが、被告人質問先行の趣旨を直接主義の貫徹等に求める立場からは、供述調書を取り調べる必要性がないとして証拠調べ請求に異議を述べることになるでしょう。また、供述調書の必要性を失わせるという観点も、主質問の内容を検討する際に考慮する必要があります。

公判期日における典型的な動き

Q38 初めて法廷に立ちます。公訴事実を争わず1回で結審することが見込まれる事件です。法廷での弁護人の典型的な動きを教えてください。

A38 公訴事実を争わない1回結審見込みの公判では、弁護人は概ね以下の流れで行動します(→**解説1**。典型例は次ページ以下の表→**解説2**を参照)。被告事件に関する陳述→検察官請求証拠に関する証拠意見の陳述→弁護人の証拠調べ請求→弁護人請求書証の要旨の告知→情状証人の主尋問および再主尋問→被告人質問の主質問および再主質問→弁論→判決期日の調整。

解説1 公訴事実を争わず1回で結審することが見込まれる事件の典型的な進行は、次頁以下の表のとおりです。あくまでも典型例を挙げていますので、事案に応じて柔軟に対応することが求められます。

このうち、見落としがちなのは弁護人請求書証の要旨の告知です。また、1回で結審する事案であっても、即日判決とはならずに判決期日は別途設けられることが多々ありますので、日程調整のために手帳を忘れないようにしましょう。

解説2 「弁護人の典型的な動きの一例」について、詳しくみていきましょう。この表は、次のような事件を想定して作成しています。また、同じ行に2つ以上の発言がある場合、文頭の数字が発言順序を示しています。

○事案の概要:覚せい剤を所持し、自己の身体に摂取して使用したという覚せい剤の単純所持および使用の事案。職務質問の結果覚せい剤の所持で現行犯逮捕され、その後任意提出した尿から覚せい剤成分が検出された。

○証拠関係:捜査手続に違法はなかったものとする。前科はないが、10年前に

万引きの前歴がある。

○弁護人の証拠意見の概要：

- 甲号証…現行犯人逮捕手続書のうち、「当職らの姿を見るや逃げるようなそぶりを見せたため」という記載は、被告人によれば事実に反するとのことであるから不同意とし、そのほかは同意。
- 乙号証…被告人の供述調書は「不同意。審理および判決に必要な事実は被告人質問で供述するため、必要性なし」とし、前歴を立証するための警察官作成の「犯罪経歴照会結果報告書」については「不同意。関連性なし」としている。そのほかは同意。

○弁護人請求証拠の概要：

- 書証…薬物濫用者の支援グループを紹介する資料。
- 人証…上記グループの関係者および被告人の妻。

弁護人の典型的な動きの一例

裁判長	被告人・証人	弁護人	検察官
それでは開廷します。被告人は証言台の前に立ってください。			
①【人定質問】名前は何と言いますか	②Aです		
①生年月日はいつですか。	②昭和●年●月●日です。		
①本籍はどこですか	②B県C市………です。		
①住居はどこですか。	②B県C市………です。		
①職業は何ですか。	②●●です。		

裁判長	被告人・証人	弁護人	検察官
① それではあなたに対する覚せい剤取締法違反被告事件について審理を行います。起訴状は届いていますね。	② はい。		
① 検察官が起訴状を読み上げますのでよく聞いていてください。それでは検察官どうぞ。			②【起訴状朗読】公訴事実。被告人は、第1法定の除外事由がないのに、……もって覚せい剤を使用し、第2みだりに、……を所持したものである。罪名及び罰条　覚せい剤取締法違反　第1　同法41条の3第1項1号、19条。　第2　同法41条の2第1項

裁判長	被告人・証人	弁護人	検察官
①【権利告知】 これからいま検察官が読み上げた事実について審理を行いますが、それに先立って注意しておくことがあります。あなたには黙秘権があります。裁判の間ずっと黙っていても構いませんし、答えたい質問に対してだけ答えることもできます。ただし、あなたが話したことは、有利・不利を問わず、この裁判の証拠として扱われますので、よく注意してください。その上で聞きますが、今検察官が読み上げた事実に間違っているところはありますか。	②【被告事件に関する陳述】（刑訴法291条4項）】 ありません。		
①弁護人いかがですか。		②【被告事件に関する陳述】（刑訴法291条4項）】公訴事実は争いません。	

裁判長	被告人・証人	弁護人	検察官
① それでは被告人は元の席に戻ってください。 証拠調べに入ります。検察官、冒頭陳述をどうぞ。			②【冒頭陳述・証拠調べ請求】 はい。被告人は、B県C市に生まれ育ち……。以上の事実を立証するため、証拠等関係カード記載の各証拠の取調べを請求します。
① 弁護人、ご意見はいかがですか。		②【証拠意見】 証拠意見書のとおりです。 【証拠意見書を提出】	
① 甲号証・乙号証ともに同意部分を採用して取り調べます。検察官は証拠の要旨を告げてください。			② はい。甲1号証は……。以上です。
① それでは提出してください。			②（提出した） 【証拠の提出（刑訴法310条）】
① 不同意部分はどうされますか。			② 甲号証の不同意部分は撤回します。乙号証は被告人質問終了まで留保します。

裁判長	被告人・証人	弁護人	検察官
① それでは弁護人立証に移ります。弁護人立証はございますか。		②【証拠調べ請求】 証拠調べ請求書のとおりです。 【証拠調べ請求書を提出】	
① 書証と情状証人2名ですね。検察官ご意見いかがですか。			② 書証は同意、証人はしかるべく。
① それではいずれも採用して取り調べます。弁護人は要旨を告げてください。		②【要旨の告知】 （刑訴規則203条の2第1項）】 弁1号証は、特定非営利活動法人Aを紹介する資料です。……などが記載されています。以上です。	
① それでは提出してください。		②（提出した） 【証拠の提出】 （刑訴法310条）】	
① 続いて証人尋問に移ります。証人の方はお二人とも法廷にお入りください。	②（証人2名、W、X傍聴席から法廷に入る）		

裁判長	被告人・証人	弁護人	検察官
① 右の方はWさんですね。左の方は、Xさんですね。住所、生年月日、職業は先ほど書いていただいたとおりでよろしいですか。	② はい。		
① それでは嘘をつかないという宣誓をしていただきます。宣誓書を声を合わせて読み上げてください。	② 宣誓。良心に従って真実を述べ、何事も隠さず、偽りを述べないことを誓います。		
① それではWさんから伺いますのでXさんは傍聴席にお戻りください。	②（X、傍聴席に戻る）	※なお、一方の証人尋問を他方の証人が聞いてしまうと審理に支障がある場合には、この段階で、後で証言する証人は別室に案内され、別室で待機することになります。	
① 今嘘をつかないという宣誓をしていただきました。殊更に嘘をつくと偽証罪ということになりますので、記憶のとおりにお話しください。それでは弁護人どうぞ。		②【主尋問】弁護人のFからお伺いします。……。弁護人からは以上です。	

裁判長	被告人・証人	弁護人	検察官
① 検察官どうぞ。			②【反対尋問】 検察官からもいくつか伺います。……。以上です。
① 弁護人ございますか。		②【再主尋問】 さきほど検察官からの質問で……。以上です。	
① 検察官よろしいですね。			②（うなずく）
①【補充尋問】 裁判所からも一点伺いますが、……。終わりました。元の席にお戻りください。 続いてXさん、中にお入りください。	②（X、傍聴席から法廷に入る）		
① Xさんも先ほど宣誓してもらいましたので、記憶のとおりにお話しください。それでは弁護人どうぞ。		②【主尋問】 弁護人のFからお伺いします。……。弁護人からは以上です。	
① 検察官どうぞ。			②【反対尋問】 検察官からもいくつか伺います。……。以上です。

裁判長	被告人・証人	弁護人	検察官
①弁護人ございますか。		②【再主尋問】………。以上です。	
①検察官よろしいですね。			②（うなずく）
①【補充尋問】裁判所からお伺いします。……。終わりました。元の席にお戻りください。			
①続いて被告人質問ということでよろしいですね。		②はい。	
①被告人、あなたから話を聞きますので、証言台の前の椅子に座ってください。では弁護人どうぞ。		②【主質問】弁護人からお尋ねします。……。以上です。	
①検察官どうぞ。			②【反対質問】……。以上です。
①弁護人ございますか。		②【再主質問】はい。……。以上です。	
①検察官よろしいですか。			②（うなずく）
【補充質問】では裁判所からも聞きます。……。終わりました。元の席に戻ってください。			

裁判長	被告人・証人	弁護人	検察官
① 検察官、留保されている乙号証の不同意部分どうされますか。→②へ		④ 323条書面該当性は争いません。しかし、古い前歴で本件と異種でありますし、司法判断も経ていないものですので、関連性および必要性がありません。→⑤へ	② 乙1から乙4までは撤回します。乙5（犯罪経歴照会結果報告書）は刑訴法323条1号に基づき請求します。→③へ
③ 弁護人いかがですか。→④へ			
⑤ 検察官その点についてはいかがですか。→⑥へ			⑥ 関連性および必要性はあるものと思料します。→⑦へ
⑦【提示命令】（刑訴規則192条）ご提示ください。→⑧へ		⑩【証拠決定に対する異議申し立て】（刑訴法309条1項、刑訴規則205条1項但書）ただ今の証拠決定は関連性および必要性の判断を誤った違法がありますので異議を申し立てます。→⑪へ	⑧（提示した）→⑨へ
⑨-1 必要性がないと認めて却下します。（次の行へ進む）			⑫異議には理由がないものと思料します。→⑬へ
⑨-2 関連性および必要性があると認めて採用します。→⑩へ			
⑪ 検察官、ご意見いかがですか。→⑫へ			
⑬【異議棄却決定】（刑訴法309条3項、刑訴規則205条の5）異議を棄却します。			

裁判長	被告人・証人	弁護人	検察官
① 証拠調べは以上でよろしいですね。それではご意見を伺います。検察官どうぞ。			②【**論告**(刑訴法293条1項)】本件公訴事実は公判廷で取り調べ済みの関係各証拠により立証十分です。情状について述べます。……。相当法条を適用の上、被告人を、懲役1年6月に処するのが相当と思料します。以上です。
① 弁護人どうぞ。		②【**弁論**(刑訴法293条2項)】……。以上です。	
① 被告人は証言台の前に立ってください。これで審理を終わりますが、最後に何か言っておきたいことはありますか。→②へ ③ 元の席に戻ってください。	②【**最終意見陳述**】……。以上です。→③へ		

裁判長	被告人・証人	弁護人	検察官
① それではこれで審理を終結し、次回判決を言い渡します。**【判決期日の調整】**次回は●月●日●時はいかがですか。		② お受けできます。	② お受けできます。
① 被告人、次回は●月●日●時です。この日に判決を言い渡しますので、この法廷に必ず出頭してください。	②（うなづく）		
それでは閉廷します。			

執行猶予判決後の釈放

Q39 執行猶予判決になった場合、被告人はどこで釈放されるのですか。

A39 判決日まで警察の留置施設に勾留されていた場合は、警察署へ戻って釈放になることもありますが、裁判所に荷物を持ってきていてそのまま釈放となることもあります。判決日まで拘置所に勾留されていた場合は、一旦拘置所まで戻ってから釈放となります（→**解説1**）。いずれの場合でも、弁護人や家族との待ち合わせや帰宅の方法について、事前に説明・相談をしておきましょう（→**解説2**）。

解説1 刑の全部の執行が猶予された場合、判決の言渡しにより、勾留状は効力を失います（刑訴法345条）。判決日まで身体拘束されていた場合、執行猶予判決後にどこで釈放されるかは被告人本人や家族にとって一つの関心事です。

　判決の日まで警察の留置施設に勾留されていた場合には、警察署へ戻って荷物の受渡しの手続をしてから釈放されることがあります。一方で、裁判所へ押送される際に荷物をすべて持たされ、判決後に警察署へ戻らず、そのまま裁判所で釈放されることもあります。

　判決の日まで拘置所に勾留されていた場合には、拘置所へ戻って荷物の受渡しの手続をしてから釈放されるのが通例です。

解説2 警察署・拘置所のどちらに勾留されていた場合でも、被告人にとっては、最寄り駅までの土地勘や移動手段がないため、帰宅に難儀することが往々にしてあります。

　その場合に備えて、弁護人や家族が釈放後の被告人を迎えに行く場合には待ち合わせの方法について、また被告人が自分で帰宅する場合には帰宅のルートについて、あらかじめ説明・相談しておきましょう。

交渉の相手方の背後に
反社会的勢力がいるとき

　示談交渉の相手方の背後に、反社会的勢力やそれに類する属性の人物がいる(ことがうかがわれる)ケースがたまにあります。

　経験上、この場合、示談交渉にあたって、以下のような対応をとると効果的だったように思います(一例にすぎず、このほかにも有効な方法はあり得ます)。

① 　交渉の場には、極力、相手方本人以外は同席させない。もし相手方の強い希望で第三者の同席を認めざるを得ない場合には、あなた(弁護人)が話す相手は相手方本人だけにする。

② 　不当な要求をされた場合、依頼者と協議の上、受諾できない場合は、交渉を打ち切ることもやむを得ない。その場合、交渉打切りまでの経過を時系列にまとめた報告書を、裁判所または検察官に提出することも検討する。

③ 　検察官に、相手方の背後関係について率直に聞いてみる(それによって、検察官に、相手方の背後関係についての注意を促すことができる場合がある)。

④ 　あなた自身や周囲に危険を感じたり脅されたりしたときは、直ちに警察に通報する。できる限り録音し、可能であれば録画もしておく。

再保釈

Q40 保釈中に実刑判決になった場合に備え、再保釈を検討しています。どのような手続を想定し、どのような準備が必要でしょうか。

A40 一審弁護人として行う場合と、控訴審弁護人として行う場合とで違いがあります（→**解説1**）。必要な書類も多岐にわたるので注意しましょう（→**解説2**）。保釈保証金は第一審より高額になるのが通常です（→**解説3**）。控訴審裁判所が保釈請求を却下した場合、これに対する不服申立てとしては、「抗告」ではなく、「異議」を申し立てることになります（→**解説4**）。

解説1 立場が一審弁護人の場合と控訴審弁護人の場合とで異なります。

　一審で保釈されていた場合でも、実刑判決を受けると保釈は当然に失効します（刑訴法343条前段）。この場合、再保釈請求ができます。再保釈請求では権利保釈の規定は適用されないことに注意が必要です（刑訴法344条）。

　再保釈の請求は、一審弁護人と控訴審弁護人とのいずれの立場でもすることができます。まず、一審弁護人として行う場合は、弁護人選任届は不要です。ただし、控訴が申し立てられた時点で一審弁護人の地位は喪失することに注意が必要です。再保釈を急ぐ場合は、控訴を申し立てる前に、一審弁護人たる地位で再保釈請求を行い、再保釈についての判断が出た後に控訴を申し立てるようにしましょう。

　控訴審弁護人として再保釈請求を行う場合は、控訴審の弁護人選任届を事前または同時に提出します。なお、国選の場合で一審から国選弁護人を務めており、控訴審でも国選弁護人に選任されることを希望するときでも、一審判決から控訴審弁護人選任までに1月以上空いてしまうことが多い点に注意してください。

記録が控訴審裁判所に到達する前（例えば判決当日）に再保釈請求を行う場合は、一審裁判所宛ての再保釈請求書を一審裁判所に提出します。

一審判決当日の再保釈を目指す場合は、裁判所と同時に公判の立会検事にも再保釈請求書を送付しておき、速やかに保釈意見を回答するよう求めましょう。

解説2 再保釈では、以下の書類を準備しましょう。
① 再保釈請求書（表題は「保釈請求書」で問題ありません）
② 控訴審の弁護人の立場で再保釈を請求する場合は、控訴申立書と控訴審の弁護人選任届
③ 再保釈用の添付資料（身元引受書、身元引受人の身分証の写し、上申書など）
④ 一審の保証金を充当する場合は、保釈金充当許可申請書（保釈請求書の末尾に充当希望の旨を記載するだけで足りた例もあります）

再保釈請求書や保釈金充当申許可請書に記載すべき事項については、『刑事弁護ビギナーズVer.2.1』162頁と添付の書式を参照してください。

解説3 保釈保証金について
控訴審では、一審での保釈保証金よりも高額な保証金が定められることが通常です。一審での保釈保証金の1.5倍ほどの金額を用意できれば安心ですが、裁判官と交渉してみるとよいでしょう。

解説4 再保釈請求が却下された場合、これに対する不服申立ては、却下したのが一審裁判所であるときは「抗告」を申し立てます（刑訴法419条本文。なお、420条1項は同条2項により不適用）。却下したのが高等裁判所であるときは、「抗告」ではなく、「異議」を申し立てることになります（刑訴法428条1項・2項）。抗告に代わる異議申立ては（最高裁判所ではなく）当該高等裁判所に宛てて、異議申立書（刑訴法428条2項）を提出しましょう（刑訴法428条3項、423条1項）。

被告人国選事件終了後の報告書

Q41 被告人国選事件終了後に提出する報告書の作成を見据えてメモしておくと便利な事項は何ですか。また、報告書はどこに提出しますか。

A41 判決主文のほか、公判の開始時刻と終了時刻・休廷時間もメモしておきましょう（→解説**1**）。記録の閲覧・謄写の日にち・各種費用、接見の日時・場所も報告が必要な場合があります。謄写の際の領収書は保管しておきましょう（→解説**2**）。交通費を申請しようとする場合は、移動経路・実費額をメモしておくほか、領収証も保管しておきましょう（→解説**3**）。報告書は法テラスに提出します。所属弁護士会によっては会への報告が義務付けられている場合もあります（→解説**4**）。

解説**1** 被告人国選事件の終了後に法テラスに提出する国選弁護報告書には、判決主文の内容を記載する必要があります。罰金／禁錮／懲役等の刑の種類や刑期、金額、執行猶予の期間、未決算入の日数などを把握しておきましょう。また、公判への立会時間も記載します。公判の終了時刻や休廷時間は忘れがちになりますので、メモしておくとよいでしょう。

　もしメモをし忘れたり思い出せなかったりする場合は、裁判所の係属部に確認することができます。

解説**2** 法テラスに謄写費用を請求する場合に備えて、謄写した際の領収証は原本か写しを保管しておきましょう。

　所属弁護士会によっては、被告人国選事件について弁護士会に対して報告を求められることがあります。その際、記録の閲覧・謄写をした日にち・所要時間や、起訴以降に接見をした日にち・所要時間と場所について報告を求められ

ることもあります。これらは被告事件終了後には忘れてしまいがちな情報なので、定期的にその都度メモしておくようにするとよいでしょう。経験上、メモは当該事件のファイルや備忘録にしておくと便利です。

解説**3** 交通費は通常の経路方法に基づく実費額か、燃料代・直線距離に応じた定額のいずれか弁護人の選択する算定基準で計算され支給されます。その際には移動経路や実費額を申告する必要があるので、メモしておきましょう。また、新幹線等の費用を請求する場合には、領収書が必要です（飛行機の場合には、実際の搭乗を証明できる半券等も必要です）ので、保管しておきましょう。

　詳しくは、受任時に法テラスから交付される「国選弁護人契約弁護士のしおり　国選弁護事件を受任される弁護士の方へ」という資料を参照してください。

解説**4** 報告書の提出先は、法テラス（必須）と所属弁護士会（会による）です。法テラスへの報告書は事件終了日から14日（土日祝日等を含みません）以内に提出しなければなりません。事件終了日とは、判決の宣告日や国選解任日等をいいます。この期間内に報告書を提出しなかった場合には、基本的に報酬が支払われませんので注意しましょう。なお、提出はFAXで行っても構いません。

　所属弁護士会によっては、法テラスに提出した報告書および当該所属弁護士会独自の報告書の提出を義務付けている場合もあります。所属弁護士会への報告を行わない場合には国選弁護人の推薦停止などのペナルティが科されることもあります。

もっと知りたい

- 被疑者国選事件終了の場合、終了の報告書はどこに何を提出するのでしょうか。⇒Q25を参照。

Q42 押収物の返還は、どうやって求めるのでしょうか。

A42 還付と仮還付とがありますが、還付を求めましょう（→**解説1**）。還付請求は、押収物が検察官に送付された後は検察官に対して、送付される前は司法警察職員に対して、行います（→**解説2**）。還付は留置の必要がなくなった場合にされますが、具体的な時期は捜査機関の判断によります（→**解説3**）。

解説1 押収物の還付と仮還付の違いについて触れておきます。押収物の「還付」（刑訴法222条1項・123条1項）とは、押収物を留置する必要がないときに、捜査機関が占有を解いて原状に回復することをいいます。「仮還付」（刑訴法222条1項・123条2項）とは、留置の必要がなくなってはいないものの、一時留置を解いて返還しても捜査または公判維持に支障がないと認められる押収物について、再び捜査機関の保管に戻されることを留保して、一時返還することをいいます。

　仮還付の場合には、法律上の押収の効力は存続し、仮還付を受けた者は、その物を保管する義務を負います。そのため、仮還付を受けた場合、その物を勝手に処分することはできず、提出を不可能または困難にしたり、証拠価値に変動を生じさせたりすることもできないとされています。

　実務上、還付請求には仮還付請求も含まれると解されているので、押収物の返還を求める際は、還付を求めるのがよいでしょう（経験上、仮還付のみを請求すべき場面というものには、まだ接したことがありません）。

解説2 還付請求は誰に対して、どのようにするか。司法警察職員の押収した物が検察官に送付された場合、押収関係の主体は、当然に司法警察職員から検察官に移行します。また、検察官が押収物を裁判所に提出し、裁判所が領置した

場合には、裁判所が還付の主体となります。したがって、還付の請求は、押収物が検察官に送付される前は司法警察職員に対して、送付後は検察官に対して行うことになります。また、もし押収物が裁判所に提出されて領置された場合には、裁判所に対して還付請求を行います。

　還付請求は、口頭でもすることができます。もっとも、いつ・誰に・どのような還付請求をしたのかについて、後日になって争いを生まないよう、書面で請求したほうがよいでしょう。なお、捜査機関に対する還付請求書の提出方法は、FAXで足りるという運用がされています。

解説3 還付は、留置の必要がないと判断された場合に行われます。留置の必要がない場合としては、証拠物として押収した物が証拠物でないことまたは証拠能力もしくは証拠価値の点で証拠として利用し得る見込みがないことが判明した場合が典型ですが、それに限られません。犯罪の態様や押収物の証拠としての重要性、また押収物が還付された場合に隠滅・毀損されるおそれの有無、さらに押収の継続により被押収者の受ける不利益の程度その他諸般の事情を考慮して判断されます。

　そのため、具体的な事案における還付の時期は、捜査機関の判断に委ねられているといわざるを得ません。弁護人として還付請求をした場合は、随時、還付の担当者に進捗を確認するとよいでしょう。

　なお、捜査機関が還付請求を却下する処分をした場合、その処分について、準抗告(刑訴法430条)を申し立てることができます。

一審実刑判決後の流れ

Q43 一審判決が実刑だった場合、判決後の流れについて教えてください。

A43 実刑判決に対する控訴は、被告人本人が刑事施設内ですることができます（→**解説1**）。控訴提起期間中の未決勾留の日数は、控訴申立て後の未決勾留の日数を除き、全部が刑に算入されます（→**解説2**）。上訴の放棄をすることもできますが、検察官も控訴することができる場合は、検察官の控訴期間が満了するまでは判決は確定しません（→**解説3**）。実刑判決が確定すると、拘置所内で既決者として処遇されるようになるほか、前刑で執行猶予中の場合は執行猶予が取り消されます（→**解説4**）。

解説1 控訴申立ては被告人本人が行うことができますが（刑訴法351条1項）、控訴期間は、判決当日から数えて15日（判決翌日から数えて14日）です（刑訴法373条、358条、55条1項）。

　控訴をするには、高等裁判所宛の控訴申立書を第一審裁判所（係属部ではなく事件係）に提出する必要があります（裁判所法16条1号、刑訴法374条）。一審判決が実刑だった場合、被告人が控訴期間中に刑事施設の中で刑事施設長（警察署なら警察署長、拘置所なら拘置所長）に控訴申立書を差し出したときは、控訴期間内に控訴を申し立てたしたものとみなされます（刑訴法366条）。

　このように、控訴申立ては被告人本人から、刑事施設に収容されていても行うことができます。

解説2 第一審が実刑判決だった場合、保釈されない限り、刑事施設に収容されます。その場合、控訴提起期間が満了するまでの期間は、本刑に算入されます（ただし、控訴を申し立てた後の未決勾留日数は、当然には全部算入されません。刑訴法495条1項）。

控訴を申し立てた後の未決勾留日数は、① -a検察官が控訴を申し立てた場合と、① -b検察官以外の者が控訴を申し立てた場合であって原判決が破棄となったときは、全部が本刑に算入されます(刑訴法495条2項)。これに対し、②検察官以外の者が控訴を申し立てた場合で、控訴が棄却されたときは、控訴申立て後の未決勾留日数は、刑法21条により、控訴審の審理に必要な期間を除いて刑に算入されることが多いです(以上について、詳しい内容はQ59を参照してください)。

解説3 上訴の放棄をすると、同一の判決に対して再度の上訴をすることはできなくなります(刑訴法361条)。ただし、検察官も控訴することができる場合には、被告人側だけが上訴の放棄をしても直ちには判決は確定しません。検察官も上訴権を放棄すれば、それにより判決は確定しますが、検察官が放棄しなければ、結局は、上訴期間が満了することによって初めて判決が確定します。

　接見の際に上訴権放棄について被告人から尋ねられることがあるかもしれません。その際は、被告人自身も上訴の放棄をできること(刑訴法359条)のほかに、検察側が上訴をできる間は判決が確定しないことについても、注意を喚起するようにするとよいでしょう。

解説4 実刑判決が確定した場合、まずは拘置所内で既決者として処遇されるようになります。その後、分類センター (分類審議室)の置かれた刑務所等へ移送され、各種適性検査などを受ける「分類」の手続に入ります。分類の期間は、通常1か月から3か月程度です。初犯か累犯か、年齢はどうか、反社会的勢力の構成員か否か、特技はあるか、実刑後の帰住地(引受先)はあるかなどが考慮され、服役する刑務所が決まります。

　どの刑務所へ移送されるかについては、『情状弁護アドバンス』(現代人文社、2019年) 184頁が参考になります。

　前刑で執行猶予中に実刑判決を受けると、執行猶予が取り消されます(刑法26条1・2号)。この場合、検察官が執行猶予の取消しを請求することで手続が開始し、弁護人の関与は求められていません(刑訴法349条, 349条の2)。取消しの審理は、基本的に書面で審理が進みます(刑訴法349条の2第2項参照)。

控訴審の受任

Q44 控訴審の事件を受任しました。差し当たって、何からすればよいのでしょうか。

A44 まずは、控訴趣意書の提出期限を確認してください（→**解説1**）。第一審記録の入手（閲覧・謄写等）をしましょう（→**解説2**）。記録の入手と同時進行で、被告人と接見しましょう（→**解説3**）。

解説1 まず、控訴趣意書の提出期限（差出最終日）を確認してください。

① 国選の場合は、国選弁護人候補者指名通知書に控訴趣意書差出最終日の記載がありますので、確認しましょう（「おって指定」と書いてある場合は、国選弁護人選任と同時に通知されることが多いようです）。

② 私選の場合は、受任時点で差出最終日が決まっているかを確認してください。受任後に差出最終日が決まる場合には、弁護人選任届を提出した後に係属部から連絡があります。他方、既に差出最終日が決まっている場合には、一審判決の問題点を検討し必要に応じて、控訴趣意書提出期限の延長の申請を検討しましょう。

そして、以下の活動は、控訴趣意書を期限内に提出する観点から、逆算して計画的に行うようにしてください。控訴趣意書を期限内に提出できない場合、控訴棄却になりますので注意しましょう（刑訴法386条1項1号）。

解説2 次に、第一審の記録を入手します（国選の場合、高等裁判所から国選弁護人選任書と一緒に判決書の写しが交付されます）。

記録の入手方法ですが、① 裁判所での閲覧・謄写と② 第一審弁護人からの貸与の2つの方法が考えられます。① と② は併用すると幅広い情報を得ることができます。

記録の所在する裁判所の刑事記録閲覧室において、記録の閲覧と謄写ができます。第一審と同様にカメラによる謄写も可能です。なお、この方法によって

入手できるのは、第一審で取り調べられた証拠に限られますが、裁判官が記録に書き込んでいた内容を知ることができる場合があるというメリットがあります。

　第一審弁護人から記録を借りる方法もあります。この方法によると、開示証拠や不同意書証等の第一審で証拠調べがされていない証拠が入手できることなど弁護活動の幅が広がるなどメリットがあるので、この方法も試みてみるとよいでしょう。第一審の弁護人を知る方法には、判決書の記載か被告人本人から確認する方法が考えられます（時間はかかりますが、高裁で原審記録を閲覧または謄写して、一審での弁護人の選任に関する記録を確認する方法もあります）。

解説3 記録入手の前後の適宜のタイミングで、被告人と最初の接見を行います。初回の挨拶と被告人の一審判決に対する不満を聴取するために、接見に行きましょう。

　拘置所に移送されていない場合もあるので、接見に行く前に、念のため拘置所や高検令状部に移送の有無を確認することを忘れないでください。

　遠隔地の控訴審事件の場合は、早期に接見に行けないこともあります。その場合には、受任の挨拶などの手紙を送っておくとよいでしょう。

控訴審での書面・書証の提出

Q45 控訴審での書面と書証の提出の仕方を教えてください。

A45 控訴審では控訴趣意書などの書面については、5部(原本1部・謄本1部・写し3部)を提出します(→**解説1**)。書証は、事実取調請求書5部と書証の写し5部を提出してください(→**解説2**)。事実取調請求書には、証拠番号、証拠の標目、立証趣旨等を明示します(→**解説3**)。被告人質問は、弁護人から積極的に求めない限り、基本的に実施されません(→**解説4**)。

解説1 係属部の運用によって多少の相違がある可能性がありますが、控訴趣意書は、指定された差出最終日までに、以下のとおり5部提出することを求められます。

- 原本1部(記名・押印が必要・記録編綴用)
- 謄本1部(記名・押印が必要・検察官送付用)
- 写し3部(押印不要・裁判体の各裁判官用)

解説2 控訴審で事実取調請求をする場合は、「事実取調請求書」を提出します。また、書証についての事実取調請求の場合は、請求書に資料として書証の写しを添付します。

事実取調請求書は、控訴趣意書と同様に、原本1部・謄本1部・写し3部(記名押印についても控訴趣意書と同様)の5部を提出します。

東京高裁の事件では、書証の写しについては、5部を事実取調請求書に添付して事実上提出します。なお、書証の写しを添付する場合には、係属部によっては「弁○号証」という証拠番号を付していない写しを要求されることがありますので、係属部に確認しておくとよいでしょう。他方、書証の原本については、証拠番号を付した上で、公判期日当日に持参します。

写しを提出することのできない証拠（証拠物等）については、検察官が公判期日までに証拠意見を検討することができるように、余裕をもって検察官に開示しましょう。

解説3 事実取調請求書では、証拠番号を1から付して、証拠の標目（被告人質問も含むことに注意）及び立証趣旨を明示します。証人については、住所・所要時間の見込み（被告人質問も同様）・裁判所からの呼出しの要否も記載します（以上について刑訴規則250条、188条の2、188条の3、189条参照）。

解説4 控訴審でも、被告人質問はできます。ただし、弁護側から積極的に求めない限り、基本的に被告人質問は実施されません（裁判所が職権で被告人質問を実施する例外的な場合もありますが）。

そこで、被告人質問を控訴審でも請求する場合は、必要性および「やむを得ない事由」（刑訴法382条の2）を疎明して、事実取調べとして被告人質問を請求しましょう（疎明しないと、事実取調べ請求は却下され、職権による取調べ〔刑訴法393条1項〕を促す意味しかなくなります）。

もっと知りたい

● 提出期限までに書面等の準備が間に合いそうにない場合⇒Q46へ

控訴趣意書提出期限の延長など

Q46 控訴趣意書の提出期限までに示談書や専門家の意見書等の準備が間に合わない場合、どうしたらよいのでしょうか。

A46 控訴趣意書の提出期限の延長を申請しましょう(→**解説1**)。期限までに控訴趣意書を提出し、その後に控訴趣意補充書を提出することも可能です(→**解説2**)。

解説1 控訴審からの受任の場合、新たに示談が成立しそうになったり専門家に意見を書いてもらったりしたものの、控訴趣意書の提出期限までにその入手またはそれを踏まえた控訴趣意書の準備が間に合わないことがあります。このような場合には、裁判所に対して、控訴趣意書の提出期限の延長を求めて、「控訴趣意書提出期限(差出最終日)延長申請書」を提出しましょう(書式については、『刑事弁護ビギナーズ 2.1』210頁〔書式13-4〕参照)。

この延長が認められる期間ですが、数週間から1か月程度の延長が通常で、これを超えて大幅に延長されることは稀です。

解説2 期限までに控訴趣意書を提出した後に、示談書や意見書等の内容を反映させた「控訴趣意補充書」を提出することも考えられます。

控訴趣意書の提出期限内であれば、控訴趣意補充書の提出は問題なく認められ(東京高決昭和31年12月4日・高刑集第9巻11号1197頁、LEX/DB27940242参照)、控訴趣意書と同一に取り扱われます。この場合の補充書の内容は、控訴趣意書を補正ないし敷衍するものでも、新たに控訴理由を追加するものであっても問題ありません。

また、控訴趣意補充書の提出が控訴趣意書の提出期限後であっても、提出済みの控訴趣意書の内容を補正ないし敷衍するものであれば、提出期間内に提出した控訴趣意書と一体を成すものとして扱われます。他方で、新たな控訴理由

を内容とする補充書が期間経過後に提出された場合は、期間経過後に提出された控訴趣意書の取扱いと同様に、やむを得ない事情による遅延と認められない限りは、有効な補充書とは扱われませんので注意してください（最判昭和28年12月22日・刑集7巻13号2599頁、LEX/DB24001893参照）。

もっと知りたい

● 控訴審における証拠の出し方を教えてください。⇒Q45へ

● 記録が大部であるなどの理由により、控訴趣意書が提出期限までに準備できそうにありません。どうすればいいでしょうか。

⇒控訴趣意書提出期限の延長を申請しましょう。

　控訴趣意書の提出期限の延長について、刑訴法や刑訴規則に明文の規定はなく、裁判所の職権発動によるものと理解されています。

　延長申請書には、提出期限までに控訴趣意書を準備することが困難な事情やさらにどれだけの期間が必要かを述べるとよいでしょう（経験上、記録の分量や事案の複雑さ、また控訴審で行う予定の弁護活動などを記載すると、裁判所にも延長の必要性を納得してもらえることが多いです）。ただし、求めた期間の一部しか延長されない場合が多いことや、そもそも延長を認めてもらえない場合もあることには留意してください。

Q47 当番弁護・被疑者国選で日本語を話さない被疑者の事件が配点されました。初回接見の前に何をすべきでしょうか。

A47 まずは、通訳人を手配しましょう(→**解説1**)。通訳料の支払方法に注意してください(→**解説2**)。被疑者ノートには外国語版もありますので、外国語版を用意しましょう(→**解説3**)。

解説1 早急に接見する必要がありますので、通訳人の予定を確保しなければなりません。通訳人にどのようにアクセスするかですが、基本的には配点段階で候補者を紹介してくれるようになっています。もっとも、以下のように、地方により運用が異なっているようです。

(運用の例)

○ 東京の場合、当番弁護でも被疑者国選でも、配点段階で通訳人を1名、当日の予定を確保してもらった上で事件が配点されます(配点時に通訳人も紹介されます)。弁護人は、通訳人に電話をして接見の時間を決めるだけです(なお、弁護人が独自に通訳人を手配することも可能です)。

○ 大阪の場合、当該外国語の通訳人のリストは交付されますが、弁護人が電話をかけるなどして、自ら通訳人を確保するという運用がされています。

○ その他の地方の場合、地域によっては、配点時に通訳人の候補者名簿(複数人が登載のもの)が、事件の書類と一緒にFAXで送られてくるという運用や事前に通訳人名簿を配布しているという運用もあります。弁護人はその名簿を利用して当日同行が可能な通訳人を自分で手配します。これらの運用の場合、通訳人を自分で手配する手間がある一方で、自分で最適な通訳人を選べるというメリットがあります。

解説2 国選の場合、通訳料について法テラスの基準が定められています。「通訳料請求書（兼通訳人請求書／領収書）」という書面が一式書類の中にありますので、それに記入して弁護人が通訳人に通訳料の支払いを行います。通訳時間により金額が変わりますので、接見の都度、接見終了時に通訳人と一緒にその日の通訳料を確認するとよいでしょう。

通訳人への通訳料の支払方法は、特に決められていませんので、通訳人と話し合って決めてください。接見の都度当日に支払うことも、ある程度回数を重ねた段階で支払うことも可能です。また、現金で支払うことも、振込みで支払うことも可能です。

当番弁護や勾留前援助の場合には、通訳料は各弁護士会が負担します。なお、たとえば東京では弁護人が通訳料を立て替える必要はありません（詳細についてはQ49を参照）。

解説3 被疑者ノートには外国語版もあります。日弁連のホームページによると、2022年6月時点で、英語、韓国語、中国語簡体字、ポルトガル語、ロシア語、スペイン語、ベトナム語、タイ語、タガログ語、モンゴル語、マレー語、インドネシア語があり、ダウンロードできるようになっています（https://www.nichibenren.or.jp/activity/human/criminal/recordings/detail/suspect_note.html、または「被疑者ノート　外国語」で検索）。

また、東京の場合には、『当番弁護士マニュアル（書式・資料編）』103頁以下に各国語で被疑者の権利に関する説明文がありますので、適宜利用することもできます。

もっと知りたい

● 被疑者の言語が希少言語の場合⇒Q48へ

● 通訳費用の支払の詳細について⇒Q49へ

● 勾留前援助から被疑者援助に切り替える場合の通訳料の注意点について
⇒Q50へ

希少言語の通訳人の確保

Q48 当番弁護・被疑者国選で希少言語の外国人事件が配点されました。通訳人はどう手配すればよいでしょうか。

A48 配点時に法テラスや所属弁護士会の通訳人名簿から候補者を紹介されます。まずは、その通訳人にお願いしましょう(→**解説❶**)。状況により、通訳人の予定が確保できない場合または通訳人を変えたい場合には、法テラスや所属弁護士会に問い合わせてみてください(→**解説❷**)。

解説❶ 希少言語の通訳人の確保にはたいへん苦労します。地域によって運用に違いはありますが、当番・国選の場合、配点時に通訳人の予定が確保されてくるか、通訳人の候補者名簿がFAXで送られてきます。弁護士会または法テラスの保有する名簿を利用して通訳人を探してください(Q47**解説❶**も参照)。

解説❷ 通訳人と弁護人の都合が合わないため通訳人が確保できない場合や、通訳人の能力などの問題で通訳人を変えたい場合があります。特に希少言語の場合、そもそも通訳人の数も少なく、個々の通訳人の能力の差も大きいので、そのような場面に遭遇することが多いようです。そのような場合、法テラスや所属弁護士会に相談して、他の通訳人候補者を紹介してもらうとよいでしょう。法テラスだけでなく、弁護士会によっては、独自の通訳人名簿を保有している可能性があり、そこには法テラスの名簿には載っていない通訳人が載っている可能性があります。また、所属弁護士会の名簿でも見つからない場合は、弁護士会を通じて近県の弁護士会に通訳人名簿の提供を求める方法も考えられるところです。所属弁護士会にそのような提案をしてみてください。もっとも、以上のような運用が可能かは所属弁護士会の状況にもよります。

控訴審で実刑になったとき

　控訴審で実刑になった場合や一審の実刑判決が控訴審で維持された場合（以下、「控訴審で実刑になった場合」と略称します）、判決当日に刑事施設に収容されるのかどうか、被告人から質問されることがあります。

　東京高裁の事件では、控訴審で実刑になった場合でも、判決当日のうちに刑事施設に収容されるのではなく、上告期間の経過後（＝控訴審判決の確定後）に、被告人本人に出頭を求める通知が検察庁からあり、刑事施設への収容となることが多い運用でした（一審の実刑判決が控訴審で維持された場合は、この期間内に再々保釈を申請するか否かを検討することになります）。

　ただし、これはあくまで現時点での運用であり、定まったルールというわけではありません。2022年6月現在、たとえば新潟県在住の被告人が一審で実刑となり、控訴審で保釈されたものの、控訴審判決で実刑が維持されたケースにおいて、被告人に収容のための出頭を求める書面が、控訴審判決の翌日に発出された例が確認されています（控訴審の弁護人に、東京高検の令状係から被告人宛てに上記書面を発送した旨の連絡があったとのことです）。今後、控訴審で実刑になった場合、たとえば判決当日に刑事施設に収容される運用に変更される可能性もあり、控訴審で実刑になったときの収容に関する運用は流動的になっています。

　もともと控訴審では被告人に公判期日への出頭義務がないこと（刑訴法390条本文）を踏まえて、もし控訴審の判決当日に被告人に出廷させる選択をするのであれば、上記の運用のことや、判決当日に刑事施設に収容される可能性があることを、被告人によく説明しておきましょう。

Q49 外国人事件の通訳人の通訳料は誰が支払うのでしょうか。

A49 国選弁護の場合は弁護人が一時的に立て替えて支払います（→**解説1**）。東京の場合、当番弁護および勾留前援助の場合は弁護人が支払う必要はありません（→**解説2**）。

解説1 被疑者国選・被告人国選の場合、弁護人が法テラスの基準に従って通訳人に支払いますので、一次的な負担者は弁護人です。

最終的には法テラスが負担します。弁護人の支払う通訳料を事件終了後に法テラスに請求することで、通訳料相当額が弁護人に支払われることになります。なお、通訳人との合意次第ですが、法テラスから弁護人に通訳料相当額が支払われた後で、弁護人から通訳人に通訳料を支払うことも可能です。

国選の場合、通訳料は法テラスの基準が定められています。「通訳料請求書（兼通訳人請求書／領収書）」という書面が一式書類の中にありますので、それに記載して通訳人に通訳料の支払いを行います。通訳時間により金額が変わりますので、接見終了後には通訳人と一緒にその日の通訳料を確認するとよいでしょう。

通訳人への通訳料の支払方法は、特に決められていませんので、通訳人と話し合って決めてください。接見の都度当日に支払うことも、ある程度回数を重ねた段階で支払うことも、国選報酬が支払われた後で支払うことも可能です。また、現金で支払うことも、振込みで支払うことも可能です。

解説2 当番弁護および勾留前援助の場合、通訳料は各弁護士会が負担します。たとえば東京では、通訳人自身が通訳料を東京三弁護士会法律援助事務センターに請求することになりますので、弁護人から通訳人に通訳料を支払う必要

はありません(ただし、同センター宛ての通訳料請求書は、弁護人から弁護士会等に対して送付します)。その他の地域については、弁護士会ごとに運用が違う可能性がありますので、各弁護士会に確認してください。

もっと知りたい

● 外国人事件の初回接見について⇒Q47へ

● 被疑者の言語が希少言語の場合→⇒Q48へ

● 勾留前援助から被疑者援助に切り替える場合の通訳料の注意点について
　⇒Q50

被疑者国選に切替えた場合の通訳料の支払い

Q50 勾留前援助を利用して受任した外国人事件が被疑者国選に切り替わりましたが、通訳費用について注意すべき点はありますか。

A50 勾留決定後は、勾留前援助を利用した通訳料の支払は利用できなくなるので、被疑者国選に切り替えましょう。なお、切替えに必要な書類を被疑者に記入してもらうために通訳が必要になることがあり、この通訳料について注意が必要です(→**解説1**)。東京では、通訳料の支払方法が、弁護士会(東京三弁護士会法律援助事務センター)が通訳人に直接支払う方式から、弁護人が通訳人に直接支払う方式に変更になります(→**解説2**)。

解説1 勾留決定後は、勾留前援助を利用した通訳料の支払はできません。勾留決定後に通訳料の援助を受けるためには、被疑者国選に切り替える必要があります。そこで以下では、被疑者国選への切替えの方法について説明します(以下のいずれの場合でも、弁護人から法テラスに国選弁護人選任に関する要望書をFAXする必要があります)。

まず、勾留決定前または勾留決定を条件に辞任する場合について(勾留決定を条件とする辞任については、コラム①「辞任届付き弁護人選任届」〔本書13頁〕を参照)。この場合、勾留質問の際に被疑者本人が国選弁護人の選任を請求すれば、被疑者国選に切り替えることができます。

次に、勾留決定後に辞任する場合について。この場合、次の2つの方法があります。

① 被疑者が留置施設内で国選弁護人の選任を希望する方法(国選弁護人選任請求が裁判所に到達するまでの間に、弁護人から検察庁に辞任届を提出しておく必要があります)。

② 被疑者に「国選弁護人請求書・資力申告書」を記入してもらい、弁護人が

これと辞任届(検察庁の受領印のあるもの)の写し及び法テラスに提出した「国選弁護人選任に関する要望書」の写しの計3点を弁護士が裁判所に提出することで国選弁護人を請求する方法。

このうち①の場合には、現在の勾留前援助を利用した私選から被疑者国選への切替えが必要であることを、通訳人を通じて説明する必要があります。

②の場合、同様の説明と、「国選弁護人請求書・資力申告書」の記載方法を説明する必要があります。もし、この書面を勾留前に記載してもらっていないときは、勾留後に接見しながら記載してもらうことになりますが、そのときの通訳費用は、勾留前援助からも国選弁護費用からも支出されません。勾留決定後なので勾留前援助の対象外であり、また国選弁護人に選任されていないため国選弁護人としての活動でもないからです。このような事態にならないよう、勾留前援助で受任した場合には、勾留を回避する弁護活動をしつつも、他方で勾留決定がなされた場合に備えて、被疑者国選に切り替えるための書類の準備を勾留質問の前にしておくことが必要です。

解説2 勾留前援助の場合、通訳料は弁護士会が負担します。なお、たとえば東京では、弁護人が通訳料を立て替える必要はありません。

被疑者国選に切り替わった場合、弁護人が法テラスの基準に従って通訳人に支払い、事件終了後に負担した通訳料を法テラスに請求することで、通訳料相当額が弁護人に支給されることになります。

以上につき詳細はQ49の**解説1**を参照してください。

もっと知りたい

●勾留前援助で受任した場合に、勾留状の発付を条件として辞任する方法について⇒コラム①「辞任届付き弁護人選任届」(本書13頁)へ

Q51 勾留状、接見等禁止決定書、起訴状、判決書、保釈請求や勾留取消請求に対する検察官の意見の入手方法を教えてください。

A51
それぞれ入手方法が異なるので、注意しましょう。
勾留状(→**解説1**)。接見等禁止決定書(→**解説2**)。起訴状(→**解説3**)。
判決書(→**解説4**)。検察官の意見(→**解説5**)。

解説1 私選の場合、令状部で勾留状の謄本または写しの交付を請求しましょう(敢えて記録を謄写する必要はありません)。その際、検察庁の受領印の押された弁護人選任届を求められますので、忘れないようにしましょう(弁選の原本または写しを持参しないと、裁判所から検察庁への受任確認のため、時間がかかります)。

なお、大阪では勾留状謄本交付申請書に弁護人選任届を提出したか否かをチェックする欄があり、それによって確認がされているようです。

被疑者国選の場合、勾留状の写しは法テラスから送付される書類に含まれています。

解説2 勾留状と異なり、被疑者国選の場合であっても接見等禁止決定書は弁護人に交付されません。入手するためには、謄本を請求するか、令状部で謄写するか、被疑者から宅下げしてもらう必要があります。起訴後であれば、身柄関係書類として謄写する方法もあります。

なお、私選で勾留状の謄本または写しの交付を請求した場合でも、別途、接見等禁止決定書の謄本を請求していないと、接見等禁止決定書の謄本は交付されません。

解説3 起訴状は、当然には弁護人に交付されず、受任形態により入手方法が分かれます。

私選の場合に入手するには、謄写するか、被告人に宅下げしてもらう必要があります。被疑者国選弁護人から移行した被告人国選弁護人の場合には、東京地裁（本庁及び立川支部）をはじめとする多くの裁判所では、起訴状の写しを交付してくれる扱いをしています。そうでない裁判所の場合は私選の場合と同様です（なお、さいたま、大阪、京都、滋賀などでは、私選の場合でも、裁判所に弁護人選任届が届けば、起訴状を交付するという運用がされているようです）。

　一方、一審の被告人国選から受任した場合には、起訴状は法テラスから送付される書類に含まれています。

解説4 刑事事件においては、控訴の申立てまたは判決書謄本の請求がされないときは、判決書は作成されず、期日調書に判決の要旨が記載されるのみであることが多いです（刑訴規則219条1項参照）。

　判決書も当然には弁護人に交付されません。また、被告人には法廷で宣告されるので、被告人にも交付されません。したがって、入手するには判決確定前に謄本を請求するしかありません（判決書1枚につき60円の収入印紙が必要です。国選弁護の場合は法テラスに費用請求できます）。1日も早く判決書を読みたい場合には、判決言渡期日当日に、判決謄本交付申請書を持参することも検討するとよいでしょう。

　もっとも、裁判所によっては、国選弁護人には判決調書もしくは判決書の写しまたは判決要旨を交付する扱いをしてくれるところもあるようです。

解説5 保釈請求や勾留取消請求に対する検察官の意見が記載された書面は、当然には弁護人に交付されません。また、被疑者・被告人に交付されるものでもありません。入手するためには、弁護人が裁判所で記録を謄写するしかありません。

共犯者の弁護人の連絡先入手方法

Q52 共犯者の弁護人と連絡を取りたいのですが、連絡先はどのように知ればよいのでしょうか。

A52 以下の方法が考えられます。①検察官に問い合わせる(→**解説1**)。②裁判所に問い合わせる(→**解説2**)。③法テラスに問い合わせる(→**解説3**)。④その他の方法(→**解説4**)。

解説1 ① 検察官に問い合わせる方法

共犯事件の場合、同一の検察官が担当することが通常ですので、担当検察官に問い合わせる方法が考えられます。通常の場合であれば、担当検察官は、共犯者の弁護人から同意を得て、弁護人の名前と連絡先を教えてくれることが多いです。

もっとも、これはあくまで検察官の任意の協力に過ぎないため、共犯者のいずれかが黙秘しているような場合には、検察官が共犯者の弁護人間の連絡を嫌がり、協力を拒否する場合もあります。そのような場合には、検察官と粘り強く交渉しつつ、併せて以下の② ～④ の方法を検討してください。

解説2 ② 裁判所に問い合わせる方法

被疑者段階の場合、勾留決定の当日以降、裁判所の刑事訟廷係(東京地裁の場合は、刑事14部)に共犯者の弁護人を知りたい旨申し出れば、裁判所が共犯者の弁護人に、連絡先を教えることの可否を問い合わせてくれることが多いです。

被告人段階では、共同被告人の場合であれば係属部で教えてもらえるので、裁判所に問い合わせた方が直截的です。

解説3 ③ 法テラスに問い合わせる方法

例えば法テラス東京は、基本的に共犯者の国選弁護人についての問い合わせ

には回答しない運用となっています（平成30年7月時点）。なお、特段の事情が認められれば問い合わせに応じてくれる可能性はあるとのことですが、あくまで責任者の決裁を前提とした個別判断となるとのことであり、極めて例外的な場合にしか認められない運用のようです。一方、大阪の法テラスでは、共犯者の弁護人の意向を確認した上で、共犯者の弁護人の連絡先を教えてくれることがあるようです。

　このように、その地方の法テラスごとに運用が異なる可能性がありますので、最終的には当該地域の法テラスの運用次第となります。

解説4 ④ その他の方法

　その他共犯者の弁護人を知り得る方法としては、被害者などの関係者から名前と連絡先を知ることができる可能性があります。

　また、多くの弁護士の加入するメーリングリストを利用して共犯者の弁護人を探す方法もあります。その場合には、守秘義務違反にならないように十分検討の上、当該メーリングリストへ利用規約に配慮しつつ、メーリングリストに投稿しましょう。

Q53 共犯事件の弁護をしています。共犯者に話を聴きに行ってもよいのでしょうか。また、どのようにすればよいでしょうか。

A53 共犯者と面会することは可能ですが、弁護士倫理上の問題に注意して、一般面会の方法によりましょう（→**解説1**）。面会時間の延長を事前に申し入れるようにしましょう（→**解説2**）。共犯者に接見等禁止が付いている場合には、事前に接見等禁止一部解除を得ましょう（→**解説3**）。

解説1 共犯者（とされる者。以下同じ）と面会することは、依頼者の防御の準備（ケースセオリーの構築のためや、反対尋問の準備のためなど）に必要である限り、行うことは許されます。

　ただし、依頼者と共犯者との間には利害対立の可能性が少なくとも潜在的にはある以上、共犯者の弁護人となることは弁護士倫理上の問題があります（この場合は実際にも当該共犯者の弁護人となる意思はないのが通常です）。そのため、共犯者と「弁護人となろうとする者」として接見することは、秘密接見の濫用であると疑われるおそれがあります（弁護士に秘密接見濫用の意図があるか否かの問題ではなく、客観的にはそのような疑いを招くという問題です）。そのような疑いを招かないよう、共犯者と会いに行く場合は、一般面会の方法によりましょう。

　共犯者に面会に行く場合、共犯者の弁護人に連絡すべきかについては、明確なルールがあるわけではありません。ただし、あなたの依頼者に対して、共犯者の弁護人があなたに無断で面会してきた場合は、共犯者とは潜在的な利害対立がある以上、少なくとも不快には感じるのではないでしょうか。やましいことがないにもかかわらず、共犯者の弁護人から不快感や不信感を抱かれたりすることは、本意ではないでしょうし、後々その共犯者を証人尋問する際にも有

益には働かないと思われます。そのような視点からは、共犯者の弁護人に事前に一報(防御の準備のために一般面会で面会する旨)しておくことが穏当といえるでしょう。

解説2 共犯者に一般面会する場合、面会時間が一般面会と同様の時間に制限されてしまうことがあり得ます。そうならないよう、共犯者の所在する刑事施設の長に宛てて、面会時間延長の申入れを事前にしておきましょう。

解説3 共犯者に接見禁止が付いている場合は、接見禁止の一部解除を事前に得る必要があります。申立てにあたっては、共犯事件の弁護人であること、依頼者の防御の準備のために一般面会したいことを明記することが多いようです。

もっと知りたい

● 共犯者の弁護人を知るには⇒Q52
● もし共犯者が別件で別の地域に勾留されている場合は、現時点で当該共犯者を勾留している管轄裁判所に宛てて接見等一部解除を申請しましょう。

示談金・被害弁償金の立替えの可否

Q54 被疑者・被告人が示談金や被害弁償金を支払えない場合、弁護人が一時的にこれらの金銭を立て替えてもよいのでしょうか。

A54 弁護人による立替え以外の方法を考えましょう（→**解説1**）。弁護士倫理など様々な観点から問題の多い行為ですので、弁護人による立替えは基本的に避けるべきです（→**解説2** **解説3**）。

解説1 まず、弁護人による立替え以外の方法がないかを考えましょう。被疑者・被告人が示談金等のお金を用意できない場合、本人の家族・知人などにお金の立替えを依頼できる人間がいないのかを十分に検討してください。もっとも、出捐を申し出た人物がどのような属性の人物かにも注意しましょう。被告人の社会復帰や今後の更生に妨げとなるような属性の人間から借りるのは好ましくはありません。

　示談金等が捻出できないことが明らかな場合には、示談や被害弁償を前提にしないで不起訴や求める量刑等を獲得するための方法を考えるようにしましょう。

解説2 示談金等の一時的な立替えについては、次の点について十分検討する必要があります。

　まず、端的に弁護士職務基本規程第25条（依頼者との金銭貸借等の禁止）の問題が生じます。この場合、弁護人としての一時的な立替えに「特別の事情」が認められるのかは、定かではありません。

　その他にも弁護方針に関する被疑者・被告人の意思決定に不当な影響が及んだ疑義が生じる等、弁護人による立替えには弁護士倫理上問題となる点が多々あると思われます。

　さらに、一時的であるとはいえ、被疑者・被告人本人ではなく、弁護人の出

捐により行われた示談や被害弁償が、検察官や裁判官から見てどう評価されるのかが未知数です。確かに、実務上、被疑者・被告人本人ではなく、その家族や配偶者等が示談金等を一時的に出捐することがありますが、本件がそのような場合と同様に評価できるのか、明らかではありませんし、実際に評価も分かれるところでしょう。

このような事態に直面した場合には、本当に弁護人が立て替えることに意味があるかという点も含め、刑事弁護の経験豊富な弁護士に相談して慎重に検討しましょう。本書としては弁護人による立替えは推奨できず、基本的に避けるべきであると考えます。

解説3 一時的な立替えではなく、示談金や被害弁償金相当額を弁護人が贈与したり返還請求権を事後に放棄したりする場合はどうでしょうか。このような場合であっても、少なくとも、弁護方針に関する本人の意思決定に不当な影響が及んだのではないかとの疑いは残ります。

弁護活動の中身に関わる議論には極力深入りしないのが本書のスタンスですが、本稿のテーマに関しては、本書としては、贈与等による示談金等の弁護人による出捐も避けるべきであると考えます。

生活保護受給の停止・廃止、家財の撤去など

Q55 被疑者は生活保護を受給していましたが、身体拘束に伴ってその支給が止まり、住宅の家賃も未払いとなっています。不動産屋からは荷物を捨てると通知があったそうです。依頼者から家財はどうなるかと相談されましたが、どうすればいいでしょうか。

A55 逮捕・勾留により、生活保護は停止または廃止されます（→**解説1**）。家賃未払いの依頼者が家主（不動産管理業者）から家財を搬出（撤去）されそうなとき、弁護人が依頼者の民事関係の代理人となることは可能ですが、その義務まではありません（→**解説2**）。

解説1 生活保護を受給している人が逮捕・勾留された場合、身体拘束中は、生活保護の支給要件が欠けるとして、自治体が生活保護を停止または廃止することがあります（逮捕・勾留に伴って生活保護を「廃止」とする自治体もありますが、廃止だと釈放後に生活保護を再開するには改めて申請手続が必要となるので、当面の間「停止」にとどめる自治体も少なくありません）。

　生活保護を受給する場合、家賃も生活保護費から支出していることが多いので、生活保護が停止または廃止になると、家賃が未払いとなってしまうことがしばしばあります。

解説2 生活保護が停止または廃止された場合に限らず、身体拘束中の依頼者が家賃未払いで家主（または不動産業者）から建物退去を求められ、それに伴って家財を撤去されそうになることがあります（地代未払いにより建物収去土地明渡しを請求される事案もあるでしょうが、ここでは家賃未払いによる建物退去請求の事案を例にして説明します。）

この場合、国選弁護人が建物退去請求について被疑者・被告人の民事関係の代理人となることは、弁護士職務基本規程に抵触せず、問題はありません。

　ただし、この場合に、必ず民事関係の代理人となる義務まではありません。被疑者・被告人から民事関係の代理人となることをお願いされても、断ることも可能です。

　事案によってさまざまな判断があり得るところですので、被疑者・被告人や刑事弁護の先輩に相談しながら決めるとよいでしょう。

もっと知りたい

● 依頼者から、ハンコや預金通帳等の家財を撤去される前にとってきてほしいと頼まれた場合、どうすればいいですか。⇒ Q 16へ

逮捕・勾留中の被疑者・被告人と連絡がとれないとき

Q56 逮捕・勾留されている被疑者・被告人から接見を拒否され、手紙を送っても返事がありません。起訴後の公判の準備や公判期日はどう対応すればよいでしょうか。

A56 まずは連絡拒否の状態を解消する努力を続けましょう。それでも解消できないときは、国選と私選とで対応が異なります（→解説**1**）。公判の準備（→解説**2**）と実際の公判活動（→解説**3**）について、一審と上訴審とで対応が異なります。国選の場合、努力を重ねても連絡拒否の状態が解消されることを期待できないときは、最終的には解任を申し入れることも検討に値します（→解説**4**）。

　逮捕・勾留されている被疑者・被告人から、接見を拒否されたり、手紙を送っても返事がないか受取りを拒否されたりする事態に遭遇することがあります（以下、このような事態を便宜的に「連絡拒否」といいます）。

　逮捕・勾留されている被疑者・被告人には様々なストレスや葛藤があり、抱えている事情も被疑者・被告人によってそれぞれです。連絡拒否をされた場合であっても、弁護人としては冷静に、以下のような対応をとることを検討してみてください（一例であり、他にも方法はあり得ます）。

解説1 まずは、連絡拒否の状態を解消するよう努めましょう。具体的には、一度拒否されたとしても、直ちに諦めずに、接見に赴いたり、手紙を送ったりすることを繰り返しましょう。

　それでも連絡拒否が続く場合には、国選事件のときは、国選弁護人の複数選任を申し入れることを検討しましょう（国選弁護人の複数選任についてはQ27を参照）。私選のときは、これ以上連絡拒否が続くと辞任せざるを得ない旨を記載

した手紙を差し入れ、それでも連絡拒否が続くときは、辞任することもやむを得ないと思われます。

解説2 公判に向けて、弁護人限りでできる準備を進めましょう。

　一審にあっては、検察官請求証拠を検討して弁護人なりの防御方針を立てておき、被告人にも被告事件に関する陳述を尋ねる手紙を差し入れましょう（その手紙と併せて、記録を差し入れるとともに証拠意見を尋ねることも検討してください）。

公判までに被告人から回答があった場合は、その回答に沿って公判活動を準備しましょう。もし回答が得られない場合は、特に対応に悩むところです。あくまで一例ですが、公判に向けて以下の準備をすることがあり得ます。

　○　被告事件に関する陳述：公訴事実をすべて争う準備をしておきます。

　○　証拠意見：いったん同意して証拠が取り調べられた場合には、後で被告人の意見が弁護人の証拠意見と異なることが判明したときでも、証拠意見を撤回して新たな意見を述べることはできず、証拠排除（刑訴規則205条の6、207条参照）も容易ではありません。そのため、書証については戸籍等も含めてすべて不同意、証拠物については異議ありと述べる準備をしておきます。

　　　公判に至っても被告人の意見が確認できない場合、検察官請求証拠について弁護人が不同意または異議ありと述べると、検察官は、実況見分調書や戸籍等については必要に応じて作成者の尋問等により伝聞例外での採用を目指すほか、供述調書については供述者の尋問を請求してきます。その場合、弁護人としては、証人尋問については適切に対応しながら、伝聞例外の要件を満たさないと考えるときは要件充足性を争い、満たすと考えるときは「伝聞例外の要件充足性は争わない」と述べることが多いです。

　○　弁論：公訴事実をすべて争う前提で準備をしておきます。

　上訴審にあっては、被告人の意思を確認できなくても手続が進んでしまいます。控訴趣意書または上告趣意書（以下「趣意書」と総称します）についても、被告人の意思確認ができないまま提出期限を迎えるという事態があり得ることに注

意しましょう。

とはいえ、趣意書に被告人の意思を反映させることを目指すべきですので、趣意書の提出期限（差出最終日）の延長を申請しましょう。その際、被告人と連絡がとれない旨を裁判所に伝えてよいのかという点は問題となり得ますが、延長が必要な理由を述べるにあたって必要になり得ますし、被告人に不利にならない範囲で、守秘義務を守りつつ、客観的な経過を伝える分には、ほとんどの場合、弁護士倫理に違反しないと思われます。

その上で、弁護人としては、 解説**1** の努力を続けた上、弁護人限りで進められるところまで作成した趣意書を被告人に差し入れ、確認を求めましょう。それとともに、提出期限までに返事がない場合にはこの内容で提出せざるを得ない旨を付言することも忘れないようにしてください（送付の事実を記録に残しておくことも検討してみてください）。もし提出期限まで被告人の意思が確認できない場合には、趣意書を裁判所に提出する際に、後で改めて補充する可能性がある旨を付言することも検討に値します。

解説**3** 一審の場合、被告人には基本的に公判に出廷する権利と義務があり（刑訴法286条参照）、弁護人との連絡を拒否していても、被告人は公判廷に連行されてきます。被告人が公判で公訴事実を争う意思を表明したときは、弁護人としては、 解説**2** で述べた準備に基づいて弁護活動を行うことになります。これに対し、被告人が公判で公訴事実を認める意思を表明することもあります。そのときは、休廷を求めて被告人と接見する等により被告事件に関する陳述や証拠意見を確認した上、臨機応変に対応するしかありません。

控訴審の場合、一審と異なり、被告人に出廷する権利はあるものの出廷義務は基本的にありません（刑訴法390条）。また、控訴趣意書の提出期限までに主張していなかった控訴理由を公判期日で新たに追加することはできません。そこで、弁護人としては、出廷を希望する場合は出廷されたい旨を被告人に連絡しておき、そのまま被告人が出廷しないときには、弁護人限りで出廷して必要な訴訟行為を行いましょう。もし被告人が公判に出廷し、弁護人に何らかの要望を告げてきたときは、経験を積んだ弁護士であっても対応に苦慮するところですが、コラム⑤（「法廷で被告人から突発的な要望を受けたとき」本書73頁）を参

照してください。

　上告審の場合、法律審であるため、被告人には公判期日に出廷する権利も義務もなく、召喚もされません（刑訴法409条）。上告審で弁論が開かれることは多くはありませんが、公判期日には弁護人だけが出廷すれば足ります。

解説4 国選事件の場合、**解説1**の努力を重ね、（明確な回数の基準があるわけではありませんが）それでも連絡拒否の状態が解消されることを期待できないときは、国選弁護人の解任を申し入れることも検討に値します。

　解任事由としては、刑訴法38条の3第1項3号（心身の故障その他の事由により弁護人が職務を行うことが困難となったとき）、または同項5号（弁護人に対する暴行、脅迫その他の被告人の責めに帰すべき事由により弁護人にその職務を継続させることが相当でないとき）が考えられます。

　なお、最終的には弁護人解任の申入れをすることになる可能性があることを見据えて、連絡拒否がある程度続いた段階で、状況に応じて、裁判所に現況を連絡することも検討するとよいでしょう（裁判所に連絡する場合は、内容を慎重に検討しましょう）。

Q57 在宅事件の被告人と連絡がとれません。公判の準備や公判期日はどう対応すればよいでしょうか。

A57 公判の準備のため、電話をかけたり手紙を送ったりして、連絡を試み続けましょう（→[解説❶]）。それでも連絡がとれない場合は、被告人の出廷義務の有無に応じて、一審と上訴審それぞれの準備の進め方をしましょう（→[解説❷]）。公判期日まで被告人と連絡がとれず、そのまま被告人が出廷しない場合、被告人の出廷義務の有無に応じて、一審と上訴審とで対応が異なります（→[解説❸]）。

　在宅の被告人国選事件では、被告人と連絡がとれないという事態がときにあります。一審で勾留されていたものの一審判決で執行猶予や罰金になった後の控訴審・上告審事件でも、同様の事態があり得ます。

このような場合にどのように公判の準備と公判を行えばよいかは、経験を積んだ弁護士であっても対応に苦慮するテーマですが、段階や場面に沿って1つの例をご紹介します（一例であって、他の考え方もあり得ます）。

[解説❶] たとえば以下の方法により、事実関係の聴取や防御方針の打合せ（一審にあっては被告事件に関する陳述、証拠意見や被告人質問の内容の確認、上訴審にあっては趣意書や〔控訴審では〕事実取調べ請求等の方針・内容の確認）を行うように努めましょう。

○　被告人の電話番号がわかるとき：電話をかける。

○　電話での連絡ができないとき：判明している住所に手紙を送る（何度か送る場合は、書留や特定記録などの郵便のオプションサービスを利用して、追跡の有無やポスト投函・手渡しなどを変えてみるのもよいでしょう）。

○　それでも連絡がとれないとき：関係者を介して被告人への連絡を試みる。

　なお、過去の在宅事件で、裁判所や検察庁が被告人のメールアドレスを知っており、そのアドレスから連絡がとれたこともありました。また、場合によっては、被告人の住居を直接訪問することも検討してみてください。

解説2　**解説1**の方法によっても被告人と連絡がとれない場合は、一審と上訴審に共通の対応として、必要に応じて、裁判所に状況を伝えることを検討しましょう。

　また、一審と上訴審における被告人の出廷義務の有無に応じて、たとえば以下のような対応をとることを検討しましょう。

○　一審の場合、被告人には基本的に公判に出廷する権利と義務があり（刑訴法286条参照）、公判期日への召喚に正当な理由なく応じないと勾引されることがあります（刑訴法58条2号）。そこで、弁護人からも、その旨を注意喚起する手紙を被告人に送りましょう（あて所に尋ねあたらないとして返送されるときでも、注意喚起の手紙を一度は送ることを検討しましょう）。

　それとともに、弁護人限りでできる準備を進め、被告人と連絡がとれ次第、早急に打合せを行いましょう。

○　控訴審の場合、一審と異なり、被告人に出廷する権利はあるものの出廷義務は基本的になく（刑訴法390条）、また、被告人の意思が確認できない状態でも手続が進んでしまいます。控訴趣意書についても、被告人の意思確認ができないまま提出期限を迎えるという事態があり得ることに注意しましょう。

　とはいえ、控訴趣意書に被告人の意思を反映させることを目指すべきですので、控訴趣意書の提出期限（差出最終日）の延長を申請しましょう。被告人と連絡がとれない旨を裁判所に伝えてよいのかという点は問題となり得ますが、延長が必要な理由を述べるにあたって必要になり得ますし、被告人に不利にならない範囲で、守秘義務を守りつつ、客観的な経過を伝える分には、ほとんどの場合、弁護士倫理に違反しないと思われます。

　弁護人として進められるところまで控訴趣意書を作成できたら、確認を求める手紙を添えて、必ず被告人宛てに送付するようにしてください（送付の事実を記録に残しておくことも検討してみてください）。もし提出期限まで被告

人の意思が確認できない場合には、控訴趣意書を裁判所に提出する際に、後に改めて補充する可能性がある旨も付言することも検討に値します。

○　上告趣意書の提出期限の延長や提出の際の留意点も、控訴審と同様です。

解説 3　一審の場合、原則として、被告人が出廷しないときは審理や判決宣告をすることができません（刑訴法286条参照）。ただし、公判期日の延期をするために開廷することは、被告人が出廷していなくても許されると解されています。もし被告人が公判期日に現れず、公判期日が延期となった場合には、弁護人としては、召喚に応じないと勾引される可能性がある旨を注意喚起する手紙を改めて送付することを検討しましょう。その手紙には、併せて、被告人に召喚に応じなかった理由を確認すること、病気その他の事由について診断書その他の資料（刑訴法278条参照）を求めることも盛り込むとよいでしょう。

控訴審の場合、基本的に被告人に出廷義務はなく、公判期日への召喚はされますが（刑訴法404条、273条2項）、出廷しなくても勾引されることはありません。弁護人としては、出廷を希望する場合は出廷されたい旨を被告人に連絡しておき、そのまま被告人が出廷しない場合には、弁護人限りで出廷して必要な訴訟行為を行いましょう。もし被告人が公判に出廷し、弁護人に何らかの要望を告げてきたときは、対応に苦慮するところですが、コラム⑤（「法廷で被告人から突発的な要望を受けたとき」本書73頁）を参照してください。

上告審の場合、法律審であるため、被告人には公判期日に出廷する権利も義務もなく、召喚もされません（刑訴法409条）。上告審で弁論が開かれることは多くはありませんが、公判期日には弁護人だけが出廷すれば足ります。

もっと知りたい

●逮捕・勾留中の被疑者・被告人から接見を拒否され、意思疎通ができません。どうすればいいでしょうか。

　⇒Q56へ

複数選任・共同受任の場合の留意点

　国選事件で国選弁護人が複数選任された場合や、私選事件で複数の弁護人が受任している場合には、起訴後、主任弁護人を指定する必要があります（刑訴法33条）。指定の方法は、公判期日において行うときは口頭で足りますが、それ以外のときは裁判所に書面を提出する方法によります（刑訴規則20条）。

　主任弁護人を定めた場合、以下のことに留意するようにしてください。

① 　主任弁護人は、弁護人に対する通知または書類の送達について、他の弁護人を代表します（刑訴規則25条1項）。つまり、主任弁護人が事件関係の通知や書類の送達を受けた場合には、主任弁護人から他の弁護人に周知することが予定されています。

　　そのため、もし主任弁護人に一定期間の出張等の予定があるなど、事件関係の通知や書類を他の弁護人に周知することができない事態が予想される場合には、主任弁護人を変更するか、副主任弁護人を定めておきましょう（主任弁護人の変更も、公判期日で行うときを除き、裁判所への書面の提出によります〔刑訴規則20条〕）。

② 　主任または副主任でない弁護人は、裁判長の許可および主任または副主任弁護人の同意がなければ、申立て、請求、尋問、質問または陳述をすることができません（ただし、証拠物の謄写許可請求、公判調書や判決書の謄本・抄本の請求と証拠調べ後の弁論については、許可や同意は不要です。刑訴規則25条2項）。法廷ではこれらの許可と同意が黙示になされるのが通常ですが、期日外に主任または副主任でない弁護人が保釈請求をする場合には、上記許可と同意が必要になります。

③ 　控訴趣意書や上告趣意書の提出は、主任でない弁護人からも提出することができます（刑訴規則239条、266条）。ただし、控訴趣意書・上告趣意書の提出期限（差出最終日）の延長は、弁護人ごとに各別に認められます（なお、弁護人について延長が認められても、被告人自身の提出期限は当然には変更されません）。提出期限の延長を申請する場合には、各弁護人を延長の対象とすることを忘れないようにしましょう。

Q58 刑事施設にいる被疑者・被告人に医療を受けさせるには、どうすればよいでしょうか。

A58 まずは、被疑者・被告人に医務回診のときに医療を受けたいと申し出てもらいましょう（→**解説1**）。刑事施設外の医師（指名医）による診療を受ける方法もありますが、要件は厳格です（→**解説2**）。拘置所では、社会生活中や留置中に服用していた薬を継続して使用することは認められず、独自に薬を処方されるのが通常です（→**解説3**）。

解説1 拘置所では、週に1回、病気等の相談を申し出る機会があります。申出のあった人には、医務担当の職員が回診をします（医務回診〔いむかいしん〕といいます。ただし、医務担当の職員は看護師資格しか保有していないことが多いです）。

　医務回診で、病状等が医務担当職員には扱えないと判断された場合、拘置所付きの医師の診察を受けることになります（医務回診と同じ日とは限らず、後日となる可能性もあります）。

　医務回診を申し出たこと、また回診の結果については、拘置所内の記録に残されます。

解説2 刑事施設付きの医師ではない外部の医師（指名医）を指名して診療を受けることも、要件は厳格ですが、可能です。

　主な要件として、刑事収容施設法63条1項または202条1項に基づき、① 傷病を現に有していること、② 診療を受ける医師の氏名等を具体的に特定すること、③ 刑事施設の診療室で診療が可能であること、④ 希望者の疾病が刑事施設では診療困難なものであること、⑤ 指名しようとする医師が診療することを承諾していること、などが求められているようです（具体的な要件は、各刑

事施設によります）。

　なお、指名医による診療は、健康保険制度の適用対象外とされており、相当な費用がかかることになるので、注意が必要です。

解説3 拘置所では、検査や管理の困難などの理由から、医薬品の自弁が認められません（その扱いの当否は本書では措きます）。そのため、社会生活中または警察の留置施設で服用していた薬を拘置所でも継続して使用することは認められず、拘置所付きの医師が処方した薬を服用するしかありません（拘置所で新たに処方される薬が従前のものと同じであることを祈るしかありません）。

　警察に留置されている段階では、大抵の場合、常駐の医師がいないため、外部の医師に診察してもらい、薬が処方されるという運用がされているようです。このように、警察の留置施設や拘置所では、社会生活中に服用していた薬を継続して使用できることは保障されておらず、医師による処方の際に従前の服用薬を考慮してくれるよう願い出るほかありません。

　なお、大阪では、警察の留置施設においては、一定の要件を満たす場合には従前からかかりつけ医が処方した薬を服用できるようですので、実際のケースを受任したときは、確認してみてください。

　依頼者やその家族から拘置所での医薬品の扱いについて尋ねられたときは、それまでの薬が使えるなどと安易に答えないように注意しましょう。

未決勾留日数の算入

Q59 未決勾留日数は、いつの期間のものが、どれくらい刑に算入されるのでしょうか。

A59 未決勾留日数の算入には、一審または上訴審における任意的算入（裁定通算）と、上訴提起期間中および上訴申立て後における必要的算入（法定通算）とがあります（→**解説1**）。勾留状が執行された日から判決言渡し日の前日まで（保釈等により釈放された場合は釈放当日まで）の期間における未決勾留日数は、任意的算入の対象となります（→**解説2**）。判決の言渡し後は、上訴せず判決が確定した場合と、上訴があった場合とで算入のされ方が異なります（→**解説3**）。

解説1 未決勾留日数の算入には、一審または上訴審において裁判所の裁量により算入できる任意的算入（刑法21条。裁定通算ともいいます）と、上訴提起期間中および上訴申立て後における必要的算入（刑訴法495条。法定通算ともいいます）とがあります。

　任意的算入は、裁判所が判決の主文で日数を定めて言い渡すものです。これに対して、必要的算入は、刑の執行機関が当然に計算するものとされています（橋爪信「未決勾留日数の算入に関する諸問題」判タ1133号63頁）。

　以下では、未決勾留日数の算入が問題となる段階に分けて、知っておくと便利な知識を整理します。

解説2 勾留状が執行された日から判決言渡し日の前日まで（保釈等により釈放された場合は釈放当日まで）の期間における未決勾留日数は、任意的算入（刑法21条）の対象となります（判決言渡しの当日は、即日上訴した場合を除き、上訴提起期間として必要的算入の対象となります〔刑訴法495条1項〕）。

任意的算入の基準について、刑法21条は未決勾留日数の「全部又は一部」と
だけ定めています。裁判実務では、未決勾留日数のうち当該事件の捜査および
審理に通常必要な期間を超えた部分に限って算入するという一部算入説が大勢
を占めています（一部算入説と全部算入説との対立については、本書では立ち入り
ません）。

　具体的な期間の計算方法として、従来は、「起訴後の勾留日数－｛30＋10×
（公判期日の回数－1)｝」を目安としつつ、個別の事案に応じて柔軟に調整すると
いう考え方が唱えられてきました（「研修所方式」とも呼ばれていました）。公判前
整理手続に付された事件では、審理スケジュールが従来とは異なることから、
新たな目安として「起訴後の勾留日数－（公判前整理手続の定型的審理必要期間
〔自白事件では40日ないし60日程度。一般的な否認事件では80日ないし90日程度〕
＋公判期日の日数）」という考え方も唱えられています（芦澤政治「第1審における
未決勾留日数の本刑算入の在り方」『植村立郎判事退官記念論文集：現代刑事法の諸問
題（第2巻）』〔立花書房、2011年〕19、38頁）。

　なお、実務上、全部執行猶予とする場合には、未決勾留日数を刑に算入しな
い判決がしばしば見られます。また、追起訴があって併合審理された場合に
は、追起訴事件の審理に必要な日数は算入の対象としない判決もしばしば見ら
れます（これらのことの当否には立ち入りません）。

解説3 判決の言渡し日以後の期間については、上訴せず判決が確定した場合
と、上訴があった場合とに分けて説明します。

【上訴せず判決が確定した場合】

　基本的に、判決言渡しの日から15日が必要的に算入されます。ただし、上
訴提起期間満了日が土日祝日や12月29日から1月3日までの休日に当たるとき
は、最後の休日の翌日までが上訴提起期間となるため、当該翌日までが算入の
対象となります（刑訴法495条1項、55条1項・3項）。

【被告人または弁護人が上訴した場合】

① 被告人または弁護人が上訴した場合、まず、原判決言渡しの日から上訴申

立ての前日までの日数が必要的に算入されます（刑訴法495条1項）。言渡し後即日上訴したときは、① ではなく以下の② または③ による算入のみが適用されます。

② 被告人または弁護人の上訴が棄却された場合でも、上記① に加え、任意的算入に関する刑法21条は適用されます。控訴審でも一部算入説に立った運用が支配的で、控訴審の審理に必要な期間として、控訴申立て日からおおむね60日を超えた未決勾留日数を算入するのが一般的な取扱いであると紹介されています（小林充『刑事控訴審の手続及び判決書の実際』〔法曹会、2000年〕49頁参照）。

③ 被告人または弁護人が控訴して原判決が破棄された場合、上記① に加え、上訴申立て後の未決勾留日数の全部が必要的に算入されます（刑訴法495条2項2号）。

【検察官が上訴した場合】

　検察官が上訴した場合も、上記① に加え、上訴後の未決勾留日数の全部が必要的に算入されます（刑訴法495条2項1号）。

事 項 索 引

＊原則として語句の登場する頁を記載していますが、当該Qで当該語句が多数登場する場合は、「30-」のように当該Qで当該語句が登場する最初の頁数のみ記載しています。
また、当該Qの本文ではこの索引の語句とは若干異なる表現となっていることもあります（例：この索引では「保釈金の充当」で登場しますが、参照先のQの本文では「一審の保釈金を充当する」という表現になっているなど）。

さ

た

あとがき

1　数年前、筆者の一人は、晴れて弁護士になりました。法科大学院で教鞭をとっておられた実務家教員に憧れて刑事弁護に注力しようと意気込んでいました。早速国選名簿に登録し、事件を受任しました。

　最初に受任したのは、住居不定者の万引き事件でした。法テラスから事件配点の連絡を受け、勾留状の写しなどがFAXされてきました。さあ、接見に行くぞ！……はて、今の自分の地位は何なのだろうか。もう弁護人なのだろうか。警察署では裁判所からの選任通知を見せる必要はないのだろうか（→本書Q2）。まぁいざとなれば「弁護人となろうとする者」として接見できるし、何はともあれ警察署へ行こう！

　ところが、警察署に着くと、被疑者がいませんでした。留置担当の警察官に、「今日は勾留質問で裁判所に行っているので、警察署への戻りは午後6時以降になる」と言われました。そんな……。あと3時間も待たなければいけないのか……。先輩に後で愚痴ると、事前に在所確認しておくとよいよと教えられました（→本書Q3）。

2　人生初の刑事事件は、生活保護の受給申請同行により無事に不起訴で終了しました。人生で2件目の刑事事件は、当番で出動した外国人の強盗事件でした。被疑罪名こそ強盗であるものの、その内容は、交際相手と痴話げんかの末、所持品を取り上げたというものです。これは身体解放できるはず！　すぐに勾留前援助制度を利用して受任しました。疎明資料を揃え、はりきって検察官と裁判官に働きかけましたが、残念ながら勾留が認められてしまいました。気落ちしつつも、ここからは国選弁護人として依頼者のために全力を尽くすぞ、と気合を入れなおします。……あれ、国選に切り替える時に何か注意するようにという話をどこかで聴いた記憶があるな。

　よく調べてみると、勾留前援助制度を利用した場合は、辞任して切替えの手

148

続をしないと国選弁護人に就任できないようです。勾留前援助と国選との違い
がよくわかっていませんでした。どちらも資力のない被疑者に弁護人を付する
制度なのだから、勾留前援助で受任すれば自動的に国選に切り替わるものだと
思っていました。使用した弁選の書式にも勾留前援助制度を利用、と書かれて
いますし。

　ここで困ったことが生じました。もう勾留されているので、以降国選弁護人
に就任するまでの接見報酬と通訳料について、どこからも支払われないのです
（→本書Q49）。国選弁護人に就任するまでの接見に報酬が出ないことは、自分
のミスだから仕方ありません。しかし、通訳人にタダ働きをお願いすることは
できません（自分が自腹を切ればいいのかもしれませんが）。

　その時点では勾留質問が終了していたため、国選弁護人に就任するために
は、被疑者に資力申告書・国選弁護人選任請求書を記入してもらい、署名・指
印をもらう必要があります。慌てて警察署に行きました。たまたま大学の第二
外国語で被疑者の言語を少し勉強したことのあった弁護人は、資力申告書を差
し入れ、記入するように片言の外国語で頼みます。

　しかし日本語が少し読める被疑者は、お金に関する書類であることを理解し
ました。弁護人を付けるとお金がかかるのではないか、そんなお金は払えな
い、と心配して記入してくれません。途中から翻訳サイトも利用しながら、国
選弁護人の選任に必要だ、国選弁護人は基本的に本人負担はない、と説明して
も、納得しません。結局何時間もかかって、ようやく記入してくれました。勾
留前援助から国選への切替え手続は（外国人事件の場合は特に）気を付けなけれ
ばいけないと身をもって感じたのでした（→本書Q5、Q50）

　その事件では、弁護人の力量不足が原因で、被疑者とはその後信頼関係が結
べなくなってしまいました。勾留前援助からの切替え時のトラブルも、不信感
を招く一因だったのかもしれません。起訴後に「お前を解任する」と言われてし

まいました。国選なので被告人からの解任はできませんが、もはや被告人からの信頼はゼロです。困った弁護人は、先輩に相談しました。すると、国選弁護人の複数選任を申し入れてはどうか、とのアドバイスがありました(→本書Q27)。結果的に先輩が2人目の弁護人に就任し、その事件は無事に終了することができました。

3　本書は、上記のエピソードのように新人のころに誰もが遭遇する、刑事弁護活動の本体ではないが知っておくと役立つ知識をまとめた書籍です。既に「新人」を離脱した筆者らですが、今でも「かゆいところ」の知識を確認するため、本書の元となった自作ノートを参照することがあります。手元にあると便利だな、という本を目指しましたが、筆者ら自身も便利さを実感しているところです。

　本書を傍らに弁護人が弁護活動それ自体にさらに注力できること、依頼者の利益の実現のためにさらにエネルギーを割けること、これが筆者らの願いです。

2021年1月31日
湾岸警察署の接見終了後に新橋の日高屋で独りビールを飲みながら

執筆者を代表して　　**伊藤 寛泰**

編著者プロフィール

瀬野泰崇 (せの・やすたか)

弁護士（第二東京弁護士会）。2009年、千葉大学大学院専門法務研究科修了。2011年、司法試験合格。2012年、司法修習終了（第65期）。2012年、弁護士登録（千葉県弁護士会）。第二東京弁護士会刑事弁護委員会副委員長、同会裁判員センター委員、東京三弁護士会医療観察法部会委員。

伊藤寛泰 (いとう・ひろやす)

弁護士（第二東京弁護士会）。2015年、東京大学法学政治学研究科法曹養成専攻修了。同年、司法試験合格。2016年、司法修習終了（第69期）。2017年、弁護士登録（第二東京弁護士会）。第二東京弁護士会刑事弁護委員会副委員長、同会裁判員センター副委員長。

こんなときどうする刑事弁護の知恵袋

2021 年 3 月 30 日　第 1 版第 1 刷発行
2022 年 8 月 30 日　第 1 版第 2 刷発行

編著者…………瀬野泰崇・伊藤寛泰
発行人…………成澤壽信
発行所…………株式会社現代人文社
　　　　　　　〒160-0004　東京都新宿区四谷2-10八ッ橋ビル7階
　　　　　　　振替　00130-3-52366
　　　　　　　電話　03-5379-0307(代表)
　　　　　　　FAX　03-5379-5388
　　　　　　　E-Mail　henshu@genjin.jp(代表)／hanbai@genjin.jp(販売)
　　　　　　　Web　http://www.genjin.jp
発売所…………株式会社大学図書
印刷所…………株式会社ミツワ
装　幀…………加藤英一郎（カバー・表紙・扉）
　　　　　　　Malpu Design 高橋奈々（本文レイアウト）

検印省略　PRINTED IN JAPAN　ISBN978-4-87798-775-6　C2032
© 2021 Seno Yasutaka, Itoh Hiroyasu